从新手到高手

——班主任成长路径

李保松　曾范荣　主编

首都师范大学出版社
CAPITAL NORMAL UNIVERSITY PRESS

图书在版编目(CIP)数据

从新手到高手：班主任成长路径 / 李保松，曾范荣主编. -- 北京：首都师范大学出版社，2025. 6（2025. 8 重印）.

ISBN 978-7-5656-8992-5

Ⅰ. G635. 16

中国国家版本馆 CIP 数据核字第 2025UY0875 号

CONG XINSHOU DAO GAOSHOU

从新手到高手

——班主任成长路径

李保松　曾范荣　主编

责任编辑　李佳健

首都师范大学出版社出版发行

地　　址　北京西三环北路 105 号

邮　　编　100048

电　　话　68418523(总编室)　68982468(发行部)

网　　址　http://cnupn. cnu. edu. cn

印　　刷　北京印刷集团有限责任公司

经　　销　全国新华书店

版　　次　2025 年 6 月第 1 版

印　　次　2025 年 8 月第 2 次印刷

开　　本　710mm×1000mm　1/16

印　　张　17. 75

字　　数　250 千

定　　价　50. 00 元

编 委 会

积极为学校立德树人的关键
少数铺就专业发展的坦途

“遇到一个好老师，是学生一生的幸福。”而遇到一个优秀的班主任，则是学生终生幸福的心灵港湾。班主任是学校落实立德树人根本任务的关键，承担着神圣、繁重而复杂的育人工作，面临着日益严峻的挑战，同时也享有其他老师难以体会到的独特幸福。理解、尊重、善待和培育大批优秀的班主任，是高质量育人的必然选择。教育是首都、更是海淀区的“金名片”，而教师、特别是班主任，则是这个教育“金名片”上最耀眼的光芒。

北京市第十九中学是海淀区教育优质学校的代表之一，学校历史悠久，文化底蕴深厚，办学特色鲜明，社会口碑出色。我曾经多次到北京市第十九中学习、交流，与学校领导和老师结下了深厚友谊。北京市第十九中学党委书记高新桥高度重视班主任队伍建设，这是党组织领导的校长负责制的自觉行为。近日，高书记积极推荐我读了一本由该校中层干部李保松、曾范荣教师担任主编的新书《从新手到高手——班主任成长路径》，该书将由首都师范大学出版社出版，真是可喜可贺。我能够提前阅读到本书内容，更是荣幸和感动。这是一部浸透着学校众多优秀班主任情感、智慧、汗水的心灵之作，一群优秀而伟大的班主任跃然纸上，这是北京市第十九中学广大老师躬耕教坛、教书育人、弘扬教育家精神的折射和缩影，具有很强的专业性和实践创新性。

“理论往往是灰色的，但实践之树常青。”本书立足实践、尊重实践、超越实践而又回归实践，对班主任成长历程和路径问题进行了系统探索，彼此接力，智慧共生，自成体系和文化逻辑。全书共分为七个部分，第一篇为“文以载道，班以化人”，以《开学了，班级板报怎么办？》等为案例，生动介绍了班级文化建设和以文化人的管理智慧，特别是《从“野蛮”到“文明”：班主任中途接班策略》一文，介绍了学校中途换班主任之难和班主任出色应对挑战之卓越智慧，令人钦佩；第二篇为“春风化雨，润物无声”，重点介绍了有效培养班干部的方法和策略；第三篇为“启喻无声，德耕有痕”，通过主题班会，找到共情点，破解育人难题，形成师生思想共鸣；第四篇为“知行共生，活动润心”，班主任通过组织班级实践活动，将小课堂与大课堂结合起来，是致力于大思政课建设的写真；第五篇为“量体裁衣，适性扬才”，以《亦师亦友伴花开》《倾听声音，唤起思考》为典型案例，是有教无类、因材施教的妙笔和仁爱的诗篇，介绍了班主任帮助有特殊需要的学生进行个性化育人的成果和心路历程；第六篇为“同心共育，和合共生”，是班主任致力于家校社合作、教联体建设和协同育人的艰辛探索，体现了班主任工作之难，之重要。而处理好家校关系，推进协同育人，是班主任的必修课和硬功夫；第七篇为“研行并进，教学相长”，从理论与实践结合、教学与研究并进的视角，阐述了班主任在教学、研究中的实然和应然，教与学相长、教与研同于一炉，是全书的结语，更是续篇。

在新时代的挑战面前，每个老师、班主任都是新手。在不断的探索、思考和进步中，每个新手都会成为高手。要成为“四有”好老师，做好四个“引路人”，力争成为大先生，把经师和人师统一起来，积极弘扬教育家精神，是党和国家对新时代广大老师的要求，更是对班主任的殷殷嘱托。这是对班主任高手内涵的更高要求和实践指引。

班主任岗位是教育“高手”诞生的第一场域和“高手”育人高度的试金石。笔者相信，北京市第十九中学在立德树人的征程上，会涌现更多的育人“高手”和优秀班主任。这更是学生发自内心的呼唤！

谨表敬意与祝贺！

北京教育科学研究院德育研究中心主任、党支部书记

北京市学校德育研究会副会长兼秘书长

2025 年 5 月 24 日

成长之路与爱的浇灌

——打造亮丽的班主任文化建设名片

教育界有这样一句话，“一个好校长就是一所好学校”，化用此句，同样也可以认为“一个好班主任就是一个好的班级”。因此，学校要大力推进班主任队伍建设。班主任，毋庸置疑是落实学校育人目标的关键角色，是学校落实党和国家育人政策，真正实现教育强国目标的重要抓手。一个好的班主任，就是一个好的行动指南、示范标杆。一个好的班主任，是一个班级的航行灯塔，是学生们一生难忘的记忆，是一个学校的“品牌”。因此，努力培育一支业务精湛、信仰坚定的班主任队伍，既是学校打造班主任队伍建设品牌工程的必由之路，也是打造班主任文化建设名片的关键举措。

班主任队伍素养的高低决定了一所学校育人水平的高低。尤其是在当前教育改革的背景下，学校文化建设面临着总体性的社会文化的冲击。如何在智能化时代抢占学生“心智高地”，是当前班主任队伍“高质量建设”工程中普遍遇到的难题，即如何让班主任在当前功利、世俗、内卷之风盛行的社会中重新激发学生的内生动力，让学生在一个青春向上、纯净美丽、活力无限、魅力无穷的校园氛围里快乐而阳光地成长。这是我们之所以要努力推进班主任队伍建设和班级文化建设的根本性出发点。

如果说学校建设的核心在于文化育人，那么真正去培育文化、落实育人工作的则非班主任这支队伍莫属了。人们常说，“教育学就是关系学”。

我们之所以认为班主任工作是重要的，首先就反映在“关系维护的时长”上。班主任，毋庸置疑是基础教育学段跟学生在一起“最久的那个人”。有的班主任了解学生或甚于父母，有的班主任关心学生或甚于父母，有的班主任影响学生或甚于父母，这些在日常生活中都有诸多案例。无论是在名人传记里，还是学生口述中，抑或是新闻报道中，都有这样的班主任的身影。鉴于班主任对学生影响之深，对班级影响之大，对学校教育影响之广泛，应当将班主任队伍建设作为学校工作的核心和关键。

本书用极为细致的案例向大家呈现了学校班主任队伍建设和班级文化建设的全貌。全书共分为七篇，七篇内容结构严密、案例翔实，系统性地总结了一个班主任如何从一个“新手”走向“高手”的方法，并且条理清晰地向我们展现了优秀班主任应该从哪些方面去成长。可以说这本书既是成果性的展示，更是一份班主任成长宝典。其中所凝练的每一个故事、案例，点点滴滴的积累都将成为班主任们的宝贵财富。而我们也坚信一个好的班主任不管他的学科专业如何优秀，班级管理如何到位，家校沟通如何高效，班级活动如何精彩，对于学生最重要的，永远是教师所浇灌的爱。一个好的班级，一所好的学校，一定是爱满芳华的学习园地，这里的班主任一定是将学生的成长视为自己的工作核心，将学生的幸福视为自身的幸福的。

班主任这个话题是永远也谈不完的。而班主任队伍之所以特殊，除了其自身身份的复合性——学科引导者、生活关爱者、心灵守护者、未来引领者，更为重要的是他应该永远是一个具有爱的能力的人，永远是一个充满活力和创造力的人，永远是一个对教育充满热情的人。我们必须将建设班主任队伍的价值基准提高到“立德树人”这一根本价值准则的高度上来。反映在措施上，我们要深刻理解和践行中国特有的教育家精神——心有大我、至诚报国的理想信念，言为士则、行为世范的道德情操，启智润心、因材施教的育人智慧，勤学笃行、求是创新的躬耕态度，乐教爱生、甘于奉献的仁爱之心，以及胸怀天下、以文化人的弘道追求。新手班主任可以围绕着本书内容加以锤炼内功，唯有如此，我们才能真正打造出一支既具备专业素养又充满教育家精神的班主任队伍，为新时代的教育事业贡献更大的力量。

曾范荣

2025 年 5 月

目　录

第三篇　启喻无声，德耕有痕

——主题班会的唤醒艺术

第四篇　知行共生，活动润心

——师生共育的实践哲思

第五篇　量体裁衣，适性扬才

——个性化教育的四维图谱

第六篇 同心共育，和合共生

——家校协同的生态之桥

第七篇 研行并进，教学相长

——班主任成长的育人育己之道

第一篇

文以载道，班以化人

——班级文化的三重奏

蓬生麻中，不扶而直；白沙在涅，与之俱黑。

——《荀子·劝学》

蓬草生于笔直的麻田，无须扶正自会挺拔，白沙混入污泥则难免沾染浊黑。这隐形的力量，正如班级文化。班级文化建设在班主任进行班级管理时起着重要作用。所有的班级管理显性指标都是可以量化的，唯独班级文化的形成是难以量化和标准化的。一个班级的班级文化既浸润着班主任的文化诉求、管理风格、育人理念及个人性情，又承载着学生群体的精神底色。正如社会学习理论揭示的规律，班级文化的生成遵循“三元交互决定论”，通过“制度共建、师生共创、文化共生”的建构，形成“三共”互动模型。

制度共建：班规从刚性条款向成长公约的柔性化演进，展现规则的温度。

师生共创：备考文化从压力传导到精神共鸣的蜕变，重构教育关系。

文化共生：黑板报由教师命题转向学生策划，实现话语权的创造性转移。

当我们回顾班级文化的实践过程时，会发现其终极形态既非教师构想的完美模型，亦非学生自发形成的无序状态，而是师生在社会化交往中持续协商的动态平衡。真正的班级文化生命力，诞生于规则与自由的辩证统一：制度奠基、主体赋能、文化升华，最终在传统与创新的张力中，书写师生共同成长的史诗。

开学了，班级板报怎么办？

教室是学生在校学习和生活的主阵地，是构成校园生活的最重要的小环境之一。教室的布置和安排，直接影响着学生学习和生活的情绪、动力、状态。著名教育家苏霍姆林斯基指出："如果你想使人的道德达到完美与和谐的境地，那你就要创造环境与言语的和谐关系。"这句话直接点明了环境在班主任教书育人过程中的重要地位。班级环境就像是春夜中的一场细雨，其发生作用的方式往往是润物无声、潜移默化的。而在构建班级环境的诸多因素之中，板报又是许多班主任首先关注的因素。临近开学，如何确定板报主题？如何规划板块和内容？如何挑选最合适的"设计师"？板报布置有哪些步骤和流程？板报该如何布置才能更好地发挥教室文化在育人方面的重要功能？这一系列问题给班主任们带来了不小的挑战。

一、板报主题的确定

要想设计出高质量的板报，首先要做的就是确定板报主题。一般而言，根据命题主体的不同，板报主题可分为以下两类。

1. 学校/年级统一定题

学校和年级会从整体校园文化建设的角度给出一个或几个板报设计主题，在这种情况下，只需跟着年级的统一配置选择一个主题设计即可，这种属于板报当中的"命题作文"。命题板报的主要特点在于它的时效性和统一性，其主题往往和即将到来的特殊节日或时段紧密相关。例如，临近开学，学校给出的主题可能是"新学期　新希望""扬帆起航　筑梦未来""乘风破浪向前冲”“奔跑吧　新学期”“欢迎回家”“寒/暑假精彩瞬间分享”等；而在劳动节、青年节聚集的5月，板报主题则可能是“无奋斗　不青春”“争做榜样好少年”“回忆峥嵘岁月　传承红色精神”“请党放心　强国有我”等。在具体设计的过程中，可以在紧扣主题的基础上，尽量展现出班级风貌和特色。

2. 班级自主定题

如果班级可以自主确定板报主题，那么可选择的空间就大多了。班主任既可以像上述“命题板报”一般，以特殊节日或时段为基础，设计时效性强的板报，如3月份设计植树节主题板报、4月份设计清明节主题板报、6月份设计以“期末考试冲刺”为主题的板报；也可以贴合班级目前的德育需要，设计针对性更强的特色班风建设板报。例如，想要打造以“竹文化”为特色的班级文化，就可以设计一期介绍竹风竹韵的班级板报，通过搜集歌咏竹子的诗句等方式增进学生对“竹文化”的理解；想要打造“逐光者”班级品牌，就可以将与光相关的班训、班规、班歌、班徽等展示在板报当中；想要提升学生的自主探究能力，营造创新氛围，就可以鼓励学生多制作科创作品并将其成果展示在板报上；发现最近班内兴起了一股散播流言、议论是非的不正之风，则可以专门设计一期以“流言止于智者”为主题的板报。总之，板报的主题是多样的，但目的是相同的：发挥板报在环境育人当中的重要作用，促进学生知识才能的增长、独特个性的培养、心理素质的锻炼，以及道德习惯的形成。

二、板报材料的筹备

在确定当期板报的主题后，班主任需要提前准备好制作板报所需的材料。必备的工具和材料如剪刀、图钉、各色大张彩纸、大头针等，此外还有一些材料可以根据设计需要随时增补，如不同样式不同颜色的贴纸（枫叶、动物形状、五角星）、特殊矢量图、印有著名大学校训和校徽的励志便笺等。其中大部分材料都可以从学校后勤处直接领取，小部分物品可以通过网购获得。值得注意的是，若需另外购买材料，班主任一定要提前和设计小组确认好整体预算及每件材料的具体金额，做好台账记录和把关工作。

三、设计小组的遴选

到这一步，班主任就需要物色主题板报的“设计师”了。具体可分为以下两类情况：第一类，对已成型的班级，可以直接交给宣传委员（1—2人）及其下属的美术小组（2—3 人）完成；第二类，若班级刚刚组建，尚无确定的宣传委员人选，则可以挑选一些积极性高、责任心强、美术造诣深厚或在之前学段有过板报设计经验的学生担任主设计师。若班内学生非常热情，有很多学生争先恐后地想要参与板报设计，则可以通过查看过往作品的方式遴选出最佳人选；若学生积极性较低，没有人主动请缨，那么班主任可以通过开班会发起号召、颁发荣誉奖状（精神激励）、给予小物品奖励（物质奖励）等方式吸引学生参加。学生是班级管理的主体之一，班主任一定要充分相信学生的创造力，学会放权给学生，充分调动起他们在设计板报过程中的积极性和主动性。可以说，只要选对了“设计师”，板报设计就已经成功了一半。

四、草图的规划

在确定人选之后、正式制作之前，班主任要引导设计小组完成设计草图的规划。围绕着主题，设计小组需要提前规划好各个区域的分支主题，并最终以草图的形式呈现出来。在开始设计前，班主任可以引导学生思考以下三个问题：第一，预计设置几个分区，各分区主题分别是什么，所占空间是多少；第二，各分区由什么内容填补，预计以何种形式呈现；第三，各分区内容需要得到班主任和同学们的哪些支持。以“新学期扬帆起航”主题的板报为例，在中间已经确定张贴年级海报的情况下，左半边可以设计成“愿望树”，请全班同学将自己的愿望写在枫叶形状的便签纸上，然后张贴在一起，组成大树的形状；右半边可以张贴一些以“扬帆筑梦”为主题的制作精美的手抄报；最后，用帆船、海浪、红日、白云等与主题高度相关的装饰填补空白。如此，一期主题突出、内容丰富、版式多样、布局精美的板报就初具雏形了。在设计板块内容时，最好能提高学生参与度，让每个学生都有机会参与到班级板报的设计与制作过程中来，充分发挥学生的创造力和潜能，从而更好地树立集体观念，激发学生的主人翁意识。

五、正式制作

有了上述环节的铺垫，正式制作的过程反而没有那么复杂。只要前期的筹备工作做到位，这一流程会相当顺利。在制作环节中，班主任要和设计小组提前协商好“完工”时间，多观察进度，适当针对细节问题提出一些小建议。在必要时给予学生一定的帮助，但一定不能大包大揽，要充分尊重学生的意见和想法，给予他们自由发挥的空间。一般而言，前期的筹备和规划需要 2 天左右的时间，正式制作大约需要花费 3 天时间，总计一周就可以完成一期板报的制作。

综上所述，制作板报由板报主题的确定、板报材料的筹备、设计小组的遴选、草图的规划和正式制作五个步骤组成。班主任无须事必躬亲，只要抓住每个阶段的核心任务，就可以轻松引导学生设计出图文并茂的精美板报。乾隆时期的探花刘凤诰在游览扬州的个园时曾感叹：“阎爽深靓，各极其致，以其目营心构之所得，不出户而壶天自春，尘马皆息。”大意是，主人倾尽心力营造出他内心设计、筹划所得的美好境界，这样足不出户便能身处仙境般的春日，而人间世俗的纷扰喧嚣全无踪影了。时至今日，“壶天自春”一词仍有“形制虽小而天地却广”之意。对于班级板报的规划，也同样如此。只要目营心匠、自出心裁，板报这一方小小的“壶天”，一样能绽放出最烂漫的“春意”。

立德树人育少年，强国有我正青春

都说班主任的性格就是班级的性格，所以班主任的正确引导与榜样作用决定着班级的状态。“先做好人，再谈学习”——这是印刻在学生心里的谭氏语录。作为教育者，我希望学生明白做人品德之重要，努力成就更好的自己，用自己的青春力量点燃属于个人和国家的希望。

一、尊规知德重

无视上课铃声、课堂像“菜市场”……要我“尊重规则”？不可能的！这是我对初一(8)班的初印象。由于是第一次当班主任，又是半路接手，这残酷的现实给了我高涨的教育热情当头一棒。但既然没有选择退缩，那就直面这一切吧！

“尊重规则”的班会是我给初一(8)班的见面礼。我将录制的上课视频播放给他们看，看着吵闹到不像课堂的课堂，他们羞愧地低下了头，我很严肃地问他们：“刚进初一，大家对班级应该都有美好的幻想吧？在这个视频里，每个人都在扰乱课堂。平日里，你们也是打架、迟到、不交作业，这些行为证明了你们无视规则，更不敬畏规则。这样的班级你愿意待三年吗？好的班级要依靠你们自己来创造，无规矩不成方圆，有敬畏才知行止，我针对咱们班的班情制定了班规初稿，如果大家想改变，请上台拿到座位上仔细看，咱们众筹建议，讨论终稿，签字上交。”最终经过全班同学的讨论、研究与修改，班级出台了“星耀初一(8)班班级自我管理制度”(见表1)。

表1　星耀初一(8)班班级自我管理制度

管理内容		分数
课堂表现	笔记优秀小组	每人加1分
	上课表现突出	加3分
	课堂迟到/旷课	减2—5分
	上课换座位	减2分
	看小说、睡觉等	减5分
	上课违纪扰乱课堂	减2—10分，或记一次违纪行为
	玩手机者	记一次违纪行为
	顶撞、侮辱老师	记一次违纪行为
眼保健操	最“顺溜”小组	每人加1分
	被点名者	减1分
	被年级扣分者	减5分
课间操	下楼到指定位置集合，每组前两名	加1分
	下楼到指定位置集合，最慢小组	每人减1分
	坚持跑完全程者	加1分
	在队伍中说话打闹者	减1分
	未请假漏圈者	减1分
	在班级中未跑步者	减5分
午自习、课间管理	12：15未进教室	减1分
	课间任意打开电脑观看视频	减1分
	课间打闹/坐栏杆者	减1分
卫生	最美的小组	每人加3分
	讲台脏乱差、未擦黑板者	减1分
	窗台、书台、前后玻璃脏乱	减1分
	早晨地面卫生脏	减1分
	白天地面卫生脏	每组减1分
	放学未放椅子	减1分
	带零食	记一次违纪行为

续表

管理内容		分数
日常行为	说脏话	减 5 分
	指甲、发型不合规	减 1 分
	不穿校服	减 1 分
	不戴红领巾、队徽徽章	减 1 分
	打架(先动手)	减 20 分
	打架(还手)	减 10 分
其他	在校外参加各种团体活动	加 2—5 分
	好人好事	加 1—10 分

教育是允许学生犯错的，所以问题的出现与解决是初一(8)班每位学生受教育的过程，也是帮助引导他们形成正确价值观的过程。辩论是一种能锻炼学生思维能力的方法，初一(8)班的学生恰好也很聪明、思维活跃，我坚信学生们都是积极向好的，所以针对班级的共性问题，班级常采取辩论赛的形式(见表 2)来解决，尝试通过学生之口增强班级对尊重规则的必要性认识，提高学生对事物的判断能力，改变模糊或错误的价值观念，形成班级的正能量引领之风。

表 2　班级问题与辩论内容

年级	班级问题	辩论观点	目的
初一	违反班规	规则保障自由 规则限制自由	让学生认识尊重规则的重要性以养成良好习惯、保护自己、尊重自由
	沉迷网络、线上课堂玩手机问题	网络使人更加亲近 网络使人更加疏远	让学生感受网络的好与坏，正确认识线上课程的利与弊，尊重线上课堂规则
	班级中开过分的玩笑	开玩笑要适度 开玩笑不要适度	让学生学会尊重他人
初二	不交作业、上课不认真听讲等	学习态度重于学习方法 学习方法重于学习态度	提高学生对学习态度与方法的重视，让学生不仅知道要学，还要知道怎么学

续表

年级	班级问题	辩论观点	目的
初三	学习瓶颈期	学习中苦多 学习中乐多	树立正确的学习苦乐观
	学习压力大、学习没有动力	挫折不利于自身成长 挫折更有利于自身成长	为了让学习压力大的同学正确看待压力，提高学生的学习内驱力，树立正确挫折观

教育学生“学会尊重”是品德教育的起点，学会尊重规则是品德教育第一课。尊重规则是让学生学会尊重自己、保护自己，帮助学生树立在任何环境下的基本公民意识和公德意识，并以实例让学生明白漠视规则的不良后果。初中时期是学生品德形成的关键期，无论是通过班会、辩论赛还是平日说教等形式进行教育，目的都是让他们知规重、知德重、知荣辱。初一(8)班的尊规教育深入人心，从初一到初三，年级的每月量化评比中初一(8)班总能荣获优胜或奋进奖，共三次获得年度先进班集体。当然，青春期孩子的规则意识也不是靠一纸规文就能养成的，还需配合平时对守规奖励、违规惩罚的实质落实，以及拥有一个有原则的班主任。日复一日，守规、有品便成了他们的习惯。

二、感恩有格局

能够一直秉持感恩之心走完一生的人一定是懂得释放善意、有大格局的人。如何让感恩成为学生的一种品格，那功夫就得下在平时的一点一滴中。

1. 感恩父母

为良好的亲子关系搭桥。“百善孝为先”，孝是做人最基本的品质。初一(8)班的学生内心情感很丰富，有爱且知恩，但当遇上青春期，不会沟通成了他们与父母产生矛盾的主要原因。感恩父母的前提一定是让学生和家长有好的关系。所以在平日里我常用“情”渗透，为学生和家长搭建亲子沟通的平台，让他们学会体悟爱、表达爱、践行爱。三年的家长会每场都是学生和家长一起开，在家长会中我会设置不同的亲子主题或是亲子活动(见表3)。在重要的班会中，也常会让家长参与进来，让家长参与陪伴，让学生感受爱。

表3 班级活动与亲子活动环节汇总

年级	家长会或班会大主题	亲子活动环节
初一	缘聚初一(8)班	学生和家长各写对方一个优点
	好好学习，好好锻炼	展示居家时期家长和孩子共同锻炼的视频
	家校携手，共育成长	家长发言
	假期学习，再拼自律自强	家长夸孩子
初二	回顾2020，展望2021	家长视频寄语
	用爱成就教育	学生发言(针对和父母矛盾的解决)
	不负韶华，砥砺前行	家长与学生发言(同一家庭)
	我爱我妈(母亲节特供)	给妈妈准备手工礼物
	新青年，新征程	家长给孩子写一封信
初三	认清现实！共同冲刺45天	学生发言(初三爸妈的付出)
	你好，老爸老妈	家长给孩子写一封信，学生给家长写三行情书

能让学生在办公室吐真言是学生信任教师的表现，我也常常成为亲子矛盾的“和事佬”。每个人都有属于他的“敏感点”，无论是家长还是学生都需要互相理解对方。在当“和事佬”的过程中我能感受到，孩子的包容心是很强的，不懂事的孩子少之又少，所以教师既要以“闺密”或“哥们儿”的身份倾听学生的“吐槽”，为他出谋划策缓和矛盾，也要以朋友的身份分享与爸妈相处的“求生欲小妙招”，最后以老师的身份告诉他要学会理解父母，尊重父母，感恩父母。

2. 感恩教师

学生的感恩不是天生的，初一(8)班的感恩教育从让他们随时说“谢谢老师”和“老师好”开始。没有给他们解释这么做的理由，只是让他们形成习惯，感受这种礼貌带来的舒适感，如教师听到时的微笑，教师对班级品德的肯定，等等。这种反馈逐渐让他们明白礼貌背后的感恩之情。现在，楼道、操场、食堂最大声的“老师好”一定是初一(8)班学生叫的。我曾告诉他们：人的情感传递是相互的，没有人喜欢自己被无视或轻视，当你对老师充满敬意与感恩之心时，当那句热情洋溢有感情的“老师好”脱口而出时，老师心里一定倍感温暖。

3. 感恩社会

让学生做一个对社会有用的人，这就是对社会的感恩。袁隆平先生去世后，我主动拿出了一节历史课，开了主题班会——“‘风吹过稻田我就想起你’——纪念杂交水稻之父袁隆平先生”，带学生了解袁老，悼念袁老。班会的最后让他们齐读：“欣逢盛世，当不负盛世，当以吾辈之青春，捍卫我盛世中华，袁隆平爷爷，您一路走好。”我对学生说：“悼念袁隆平爷爷最好的方式，就是做一个对社会有用的人。”孩子们也都听懂了这句话。关于社会问题我常会与学生第一时间讨论，看到好的正能量的新闻也会在群里转发。作为一名班主任，我从不奢求我的学生会成为所谓的成功的人，但我必须要求我的学生是有德行的人。崇尚英雄，这个社会才会产生更多的英雄，学生才会更想用自己的实际行动成为那样的英雄。

三、爱国树正气

爱国是一种情感，爱国必须扎根于学生心中。要教育学生爱国，首先班主任必须要有强烈的爱国心，认识到自己的育人事业与祖国的未来命运息息相关。作为一名历史学科班主任，让学生做一个有家国情怀的人是我的育人目标。

班主任发挥道德模范作用。作为班主任，我想以自己的实际行动告诉学生，爱国不是说出来的，是做出来的。从历史教师到文物讲解员，作为一名青年党员，我主动报名参加历史文物志愿讲解活动，用专业知识为社会献一份力。我坚信，只要给学生树立道德榜样，见贤思齐、耳濡目染，这样的社会责任感和爱国正气就会慢慢植根于学生心中。

抓住每一节历史课。历史课是真正将家国情怀植入学生心中的重要战场，这是历史学科班主任在爱国教育方面的优势。从中国古代史的秦汉、南北朝、隋唐、宋元到明清，凸显的是中华文明多元一体的起源与发展，讲述的是统一的多民族国家的建立与巩固，中国的传统文化不仅博大精深，还独具魅力。拿史料和学生说话，文化自信油然而生。近代中华民族危机加剧，社会各阶层人士为救亡图存、民族复兴而奋斗。当下，实现中华民族伟大复兴是我们共同的初心。当年革命先辈们肩负的责任与使命，如今已传递至新一代学子的肩上。通过学习历史，学生们能够深刻地体会到“为中华之崛起而读书”的意义所在。

抓住每一个有仪式感的爱国时刻。升旗仪式上初一(8)班的国歌声一定是最响亮的，从刚开始的不敢唱，到现在的大声唱，是纪律加爱国情感双重作用的结果，在隆重、庄严的氛围下学生将情感通过国歌表达出来，或许在不经意间他们会回想近代中国的屈辱历史，感慨当下国家的发展变化，而这就是爱国情感植根于心中的过程。奥运会和冬奥会恰逢学生的寒暑假，班级利用假期线上班会的契机来传递奥运精神，当看到苏炳添、肖若腾、孙颖莎、武大靖、齐广璞、徐梦桃、谷爱凌的比赛片段在PPT上放映时，能感觉到学生激动、自豪的心情。当然，冬奥会在北京的成功举办也足以成为他们对中国自信的底气来源，而这种底气与自信，点燃的也是他们的爱国心。

初一(8)班的学生内心正气充盈，幸福满满，正值少年的他们尊规、知感恩、有情义、心怀国家，所以无论是到青年、中年，还是老年，我相信，他们一定会用自己的实际行动不断践行“请党放心，强国有我”的时代誓言！

四、经验总结

1. 正所谓“无规矩不成方圆”，管理班级的前提是制定规则，这是对学生最基本的行为的约束机制。但教师也要让学生懂得为什么要尊重规矩，帮助学生矫正不良的行为习惯，提高学生对事物的判断能力，形成正确的价值观。

2. 想要学生懂得感恩，就得让班级先有爱，“爱”其实就是一种情感，不高深，不难得。班主任需要主动向学生传递爱，表达爱，并教他们如何爱父母、爱老师、爱社会，学生才能真正学会感恩。

3. 青年是肩负着国家发展和民族未来的关键群体。爱国主义教育是需要长期坚持的教育内容，班主任要通过课堂、班会、活动等各种契机进行渗透，要从“为什么要爱国”这一关键问题出发，让学生理解爱国的必要性并开展具体措施。

如何通过营造良好班级氛围管好高三班级

高三年级学生面临高考的巨大压力，无论是学校、教师，还是家长、学生，都对成绩有着极高的期待。毫无疑问，一心学习是必须的，紧抓成绩也是一定的。但是良好成绩的取得绝不仅仅是只靠抓学习、抓成绩本身就能实现的，巨大的压力、因压力而产生的情绪问题、因情绪问题带来的种种行为，都会对良好成绩的取得造成影响。所以作为高三的班主任，在紧抓学习的基础上，还要注重班级氛围的建设，让学生在良好的班级氛围中全力复习与备考。

一、营造奋发上进、温暖有爱的班级氛围

班级氛围是一种团体的社交氛围，是一种学生群体环境的组织氛围。班级成员之间的价值观、态度、期望与行为交互产生影响，经过一段时间之后，就自然而然地形成一种独特的气氛充溢在班级中。有研究表明，班级的氛围会对青少年产生直接影响。因为他们总是将群体视为一个参照系从而建构自我。一个班级的氛围直接影响着学生的行为习惯和学习效果。高三的学习充满着竞争与紧张，竞争和紧张会让人焦虑，在这种情形下，营造奋发上进但不紧张、温暖有爱但不松懈的班级氛围至关重要。所谓奋发上进的氛围，是指学生们在班级里感受到的是昂扬奋发的力量，是努力争取实现理想、追求上进的向上的力量。这力量是学习动力的源泉。有上进心，是不满足于现状，这种心理是驱使个人不断前进的力量；个人组成集体，一群上进的人在一起势必形成对彼此的鼓励氛围。这样个人求上进、集体求上进，相互作用就会形成一个场域，这个场域让人不懈怠、能

奋发。所谓温暖有爱的氛围，是让学生感受到来自教师和同学的关心与理解、真情与帮助，获得应对高三压力的精神支持。只埋头学习，眼中只有题目与分数，只有对手和竞争，这是一种不健康的心理，时间一长容易产生情绪压力。所以，高三的班级氛围建设更应该是温暖有爱的。这样的温暖有爱是高强度学习环境中的清泉和阳光。

二、如何营造奋发上进、温暖有爱的班级氛围

1. 明丽清新的环境必不可少

环境造就人。一个干净、整洁、优美、舒适的环境总能陶冶情操，愉悦身心，给人美的享受。教室的布置能够帮助营造良好的氛围。高三开学初，宣传委员就绘制了色彩明丽的板报，图上是跃出蓝色水面的大锦鲤，配以“初心如磐，奋楫为舟”的大标题，文字内容是高三的学习方法介绍。这样的配图和文字是青春洋溢的，也是对学生们坚定目标、坦步前行的鼓励。让学生们在色彩清新的贴纸上写下对自己高三生活的期许和决心，亲自张贴在板报特意留下的空白处。虽是一个简单而常规的小设计，但是这种全员参与班级环境建设的过程也是升华个人心愿、凝聚集体意愿的重要活动。班里有个非常喜欢种植花草的学生小 N 主动询问：“老师，现在班里只有绿萝，有些单调，我再拿来一些花草吧。”于是，他和同学们整体规划摆放的位置，讲台上、窗台上、后柜上摆上了不同的花草，班级的环境让人赏心悦目。学生们休息时会关注花朵的盛开与凋落，植物的长大、繁茂让他们体会到生命的奋进，对花草的照顾让他们的内心变得柔软，他们在课余三三两两地站在花前观察谈论，这也是紧张的高三生活中很让人愉悦的画面。

2. 利用活动引导学生设立小目标，唤醒行动力

奋发上进来源于上进心，所谓上进是知道要奔向何方，是有目标的。所以，在班级的管理中，要营造奋发向上的氛围就要指引学生确立自己的

明确的奋斗目标。有人会说，这目标不就是一个高考的志愿或是分数吗？我觉得不尽如此。确立目标也是个学问，很多高三的学生因为受自我期望或是外在环境的影响，会过高地估量自己现有的实力。目标过大，或是时间过远，目标一时难达……容易让人产生无力感、迷茫感，那这目标就不能成为动力，反而成为一种压力与负担。所以，引导学生确立合适的目标是很重要的。于是，我在班级管理中设计一些活动帮助他们明确自己的方向。

高三的第一节班会课，学生们的心气都很高，如果此时就让他们以心中向往的大学为目标，那无疑就是一个美好的空中楼阁，这样的目标对于很多人来说就形同虚设了。所以，我说："路是一步步走出来的，只要方向对了，结果不会差。正所谓但行其路，莫问前程。但这不代表咱们闷头瞎走，咱们必须让自己的步子扎实了。所以今天这节班会课咱们就给自己定一个小目标。请大家写出自己的劣势学科，写出未来一周和这一学期自己要在这一学科上具体求进的方法，写出自己希望学习的学伴。"确立了小目标还不够，还要跟踪落实，所以后续的班会课会根据他们的目标完成情况进行小结，评选出"一周学习之星"，给班里同学树立榜样，表扬他们在实现自己小目标过程中的突出表现。用这样的方法强化他们的学习积极性，也给他们突破难关带来鼓励和勇气，学生自身的行动力被唤醒。当然，也是用这个办法让班级形成奋发上进的氛围。

3. 和谐的生生关系、师生关系很重要

每月如果有学生过生日，我会在班会上为当月的"小寿星"们认真地配图祝福，其他的学生们也会热情地报以掌声和祝愿；班里有学生生病请假，老师们发的资料我会帮忙整理并放在他的座位上，或是叮嘱周围的同学帮忙整理。不管是学生主动还是老师安排，只要是给班级提供服务的学生，不管事情大小，我都会郑重地叙述他（她）做了什么，比如："今天天气很热，××和××到教学楼四楼的教务老师那儿帮大家取回了高考报纸，拿回来整整齐齐地放在讲台上。”“明天德育检查，××和××把班里的地全墩了一遍，晚自习后很晚才回家。”代表全班学生向他们表达谢意，班里学生在这一次次的奉献中体会到彼此的友爱，总会热烈地给予掌声……我觉得这种温暖有爱的氛围是学生们彼此关系和谐的保证，这种和谐带来的是情绪的稳定，带来的是彼此的理解，在这样的氛围里学生肯定愿意互帮互学、彼此鼓励。

班级氛围奋发上进、温暖友爱来源于学生之间，也来自教师的真挚情感，这种真挚的情感可以帮助学生面对问题时产生奋发力量；这种情感使他们感到安心从而产生自信。高三有无数的大小考试，有写不完的作业和题目，学生们有许多疲惫、迷茫、无助的时候，班主任要善于观察，及时发现他们的问题并密切关注，发现他们心理失衡的各种外在行为和表现，及时地进行谈话。多多倾听也是一种安慰。拿彩色的便笺纸给伤心难过的学生写几句话；在他们痛苦难受时，一颗小糖果、几块小饼干，甚至是一个拥抱，都能够让他们获得安慰；学习吃力的学生需要多与其交流想法，问问他们的时间安排、具体学习的过程，平等地给一些建议和指导，让他们感受到来自教师的关注和关爱，这种关注和关爱可以帮他们驱散苦闷，缓解压力，让他们从心中迷雾里找到再次前进的方向和动力。

小Z哭诉总是会在晚上瞎想，想自己的初中同学很棒，想自己现在很差，于是连一点儿行动的勇气都没有了；她还说害怕××同学比她分数高，自己觉得很沮丧……确实，学生容易从分数中得到自我肯定，也很容易从不足里自我否定。我跟她聊，说自己的高中学习情况，说自己感受到压力与沮丧时会有的情绪，告诉她我们可以怎么应对。我说：“晚上没有阳光，尤其是睡觉前漆黑一片，人很容易悲观，设想一些情景觉得更加难以解决，我也经历过很多次这样的时候。我就告诉自己一句话，‘天亮了，我的感受一定会变’，因为我发现事实真的是这样。你也可以试试，记住这句话。”至于她说的同学优秀自己不好，我问她：“你知道什么原因吗？”

她说："因为我经常什么都不想干了。"于是我又告诉她："你的问题不在于能力，而在于选择——选择继续焦虑，还是选择行动，就像咱们学的课文《齐桓晋文之事》中'非不能也，实不为也'。当你再焦虑时，就念念这句话，告诉自己'行动起来'而不是'想'。"用真心真情去体会学生的感受，冷静客观平等地帮助学生，这种帮助是一种感情的力量，让学生获得自信。

三、经验总结

一个班级的氛围直接影响着学生的行为习惯和学习效果。高三的学习充满着竞争与紧张，学生难免焦虑。营造奋发上进但不紧张、温暖有爱但不松懈的班级氛围至关重要。营造如此班级氛围，可以从以下几个方面来尝试。

1. 环境造就人，环境影响人。一个班级所在的教室需要明丽清新的环境。班级布置可以充分利用板报、墙报、窗台、小黑板等空间，根据班级的特点，设计能够起到鼓励、凝聚人心的主题和内容，营造班级场域。同时可以通过鲜花、绿植的布置，美化班级环境的同时陶冶人心。

2. 设计班会，给予学生目标引领，利用一些小活动肯定学生的目标达成，使其从正向激励中收获成就感，从而唤起学生持续的内驱力。

3. 良好的班级氛围也来源于和谐的生生关系和和谐的师生关系，这种关系带来的是良好的情感基础，有助于学生的成长。生生关系越和谐温馨，班级同学越团结友爱、互帮互助，集体凝聚力越强，这个集体中每一个学生的身心发展、学业成绩、品格人格就越好。教师在这个过程中应该引导学生有感恩心，对他人的付出有觉察、懂感谢。

和谐的师生关系是班级氛围良好的重要保证，也是一个教师在教育教学工作中获得成效的关键。一次真诚的交谈可以使教师了解学生的内心想法，一张小卡片、一颗小糖果等，这些小细节都能让学生感受到关注和关爱。

班规，让起始班级的学生从他律走向自律

著名教育家魏书生说：“一个好的班规班纪，更容易激发全体学生的责任感，变强制执行为自觉遵守，对于建设一个规范有序的班集体有重要作用。”国栋班是年级的一面旗帜，学校的一块招牌，为保证班级良好的精神风貌，我们师生共同研讨，形成了如下的班训、班风、学风。

班训：内修品德，外显品格。

班风：品德、品格“栋”。

学风：思维、认知动；知识、方法懂。

班集体有了努力的目标，如何达成目标？经过一个学期的运行，我再次体会到了班规的重要性，它让全体学生从他律走向自律。

一、班规的形成

在别人眼中，这样一个学优班的学生肯定“不用扬鞭自奋蹄”，不需要大刀阔斧地定一堆规矩，其实不是这样的。开学两星期后，学生的许多“小毛病”就显现出来了，如早晨迟到的，值日做得不到位的，不交作业的，等等。如果不加以管理，这些小毛病就会恶性循环，甚至会影响良好班风、学风的形成。

俗话说：“没有规矩不成方圆。”要知道，人的天性里有懒惰和自我放纵的因子，因此，人需要外在的约束，这个约束就包括制度的约束。班规的出台迫在眉睫，于是我召集班干部，针对目前运行过程中已经出现的问题，制定出班规的六个主要板块，然后利用两次班会课全班头脑风暴，填补具体细节，最终形成如下班规(见表 1)。

表1　高一年级国栋(1)班班规

班级核心板块	班规分项细目
课堂	1. 预备铃响后，迅速回到上课地点，准备好上课
	2. 课堂上发言或起身，应先举手示意老师
	3. 上课不能睡觉；不打扰老师讲课、同学听课
	4. 回答问题时，声音洪亮，表达清晰
作业或考试	1. 按时上交各科作业
	2. 不抄袭作业，考试没有任何舞弊行为
	3. 认真改错，错因分析写在错题本上
	4. 独立完成各科作业，不会的及时向老师或同学请教
行为规范	1. 按时到校，不要迟到，严禁无故早退、旷课
	2. 值日的同学尽职尽责，保证教室干净整洁
	3. 班干部或课代表必须履行职责，实事求是，勤恳工作
	4. 住宿生宿舍内务要整洁，按时就寝
礼貌礼仪	1. 与人交流要有礼貌，有分寸
	2. 态度谦和，不能讲粗话、脏话
	3. 见到老师，主动问声老师好
	4. 发型合格，不戴饰物，不化妆，穿校服
活动纪律	1. 全校师生集会或做操时准时，队伍要整齐，保持安静
	2. 列队前进时不能说话
	3. 唱国歌时要声音洪亮，升国旗时行注目礼
	4. 课间下课，不追逐打闹，上下楼梯不跑跳
手机管理	1. 进校关机，进班自觉上交手机，不得私藏手机
	2. 在校期间，经老师许可方能当老师面使用手机
	3. 在家文明使用手机，允许家长监督
	4. 禁止以公(班级事务)谋私

注：1.“活动纪律”部分细则由班干部、课代表监督实施：

①情节轻微者班干部给予口头提醒；

②情节严重者当着全班同学和班主任做出书面检查，反省自己，教育他人。

2.“手机管理”部分如有违背：

①做一周晚检(每天下午放学，当天课堂学科知识总结)；

②在全班做出书面检查，反省自己，教育他人。

班规的出台，更着眼于学生自我教育和自我管理意识的唤醒及其能力的培养，不仅能让学生遵规守纪，更能促进我和学生的共同成长。

二、他律的启动

他律是指来自外部的教育、批评、监督等约束，是个人成长进步和社会发展所必需的外部条件，班规的制定过程就是对全班学生的一次他律教育。高一起始年级的学生来自不同的初中，而制定的班规给学生亮出了底线，让学生知道了哪些事能做，哪些事不能做，能有效避免班级管理的混乱，当学生违反班级规则时，需要按规则处理，并带着同学们再次理解、学习班规。

案例一：高一年级第一学期 11 月有一次升旗集会，国栋(1)班小 A 的外套棉衣拉链没有拉好，扣了班级总分 1 分，学生发展处反馈的量化得分见表 2。

表 2　升旗仪式德育量化积分表(他律启动前)

班级	入场	队形	口号	纪律	总分	加、扣分原因
高一(1)班				减 1 分	9	拉链没拉上
高一(2)班					10	
高一(3)班					10	
高一(4)班		减 1 分			9	队伍歪
高一(5)班					10	
高一(6)班					10	
高一(7)班					10	
高一(8)班				减 1 分	9	拉链没拉上
高一(9)班					10	

得到反馈信息后，我和班长第一时间做了沟通，班长在班里通报此事，依照班规，小 A 主动承认了错误，做出了书面检查，小 A 当时没有意识到棉衣不拉拉链会影响班级队伍的整齐划一。我也再次给大家解读了

活动纪律的班规注意事项，并号召全班同学争取加分，不能扣分，从此以后国栋(1)班在集会、课间操等各项活动中，都表现突出。

案例二：小B同学带手机未上交且未关机，课上手机发出声音，违背了手机管理规定，于是按班规接受惩罚。小B在全班进行了书面检查，并连续一周晚上做各科知识总结。

三、自律的养成

自律是指一个人自警、自省和自我约束、自我完善的潜力。学生要做到自律是非常困难的，想要坚持下去更是难上加难。但只要我们把优秀当成一种习惯并及时纠正错误，每天进步一点点，我们就能做得更好。于是我在班上召开了"优秀是一种习惯"的主题班会，学生通过小品形式演绎了他律到自律的成长过程。

真正的教育是自我教育，通过"他律"最后达到"自律"。其实，我们的班规也是学生自我教育和自我约束的一种形式，因为班规是大家制定的，好的制度应该是让遵守制度的人感觉不到制度的存在，而同时又使不守规矩的人处处感到制度的约束。

国栋(1)班的绝大多数学生经过一个学期已经养成了良好的自律习惯，学习、纪律等方面都能够起到表率作用，如表3所示，升旗量化得分多次获年级最高分，班级曾多次被评为校级优秀班集体，我本人也被评为区级优秀班主任。

表3　升旗仪式德育量化积分表(他律启动后)

班级	入场	队形	口号	纪律	总分	加、扣分原因
国栋(1)班	1				11	入场好
国栋(2)班					10	
国栋(3)班	1				11	入场好
国栋(4)班		−1			9	队伍歪

续表

班级	入场	队形	口号	纪律	总分	加、扣分原因
国栋(5)班					10	
国栋(6)班					10	
国栋(7)班					10	
国栋(8)班					10	
国栋(9)班				−1	9	拉链没拉上

遵守纪律需要自律和他律，自律和他律是相辅相成的。光靠他律是远远不够的，如果没有自律的自我约束，就很难实现守纪的局面。同时光靠自律也不容易做到，今天做到了，明天又违纪，不能养成良好的守纪习惯，那就务必靠他律。

四、经验总结

1. 任何一个优秀的集体都必定有清晰的发展目标、和谐的人际关系、团结一致的行动规范。要做到这一点，就需要我们班级内部成员遵守班规，这对于建立良好的班级秩序、提高学生的学习效率、培养学生的自主管理能力、预防一些潜在的突发问题有着积极的意义。

2. 班规形成之前，班主任与班干部组织全班学生研讨，根据本班特点，首先要形成本班的班训、班风、学风，这就是全班共同努力的目标。为了达成目标，形成班规的必要性学生也就顺理成章地接受了。

3. 班规一定要利用好班会课，全体学生头脑风暴，合并同类项后提炼总结，正式成文后张贴在班级壁报栏，监督落实要到位，尤其是高一起始年级的学生，班规的制定过程就是对全班学生进行的一次他律教育，知道哪些事能做，哪些事不能做。

用尊重和赏识关爱学生，营造良好班级氛围

2022年夏，高二下学期期末考试结束后，我接手了准高三(10)班，用学生的话说就是空降下来一个班主任。在高三学子即将起航、执行人生中第一次最重大的任务的时候，学校信任我，学生需要我，我必须当好这个多面手，为学生营造良好的班级氛围，助学生成功“上岸”。

一、发现学生，营造相互关爱的班级氛围

班里41个同学，11个女生，30个男生。初次踏入教室，学生在热烈地相互交流，见到我也没有停下来的意思。我微笑着观察他们。在开始自我介绍之前，我平和而坚定地说：“请同学们调整坐姿，保持安静。”言语不多，带着尊重，但有效了，他们安静下来。我的自我介绍也非常简短：姓名，21年工作经验，是来帮助大家的。接着给大家提了三点要求：一、听；二、要沟通不要冲突；三、守时。要求“少”而“精”，一是要求少，感觉不难做到；二是学生能够集中注意力听进去。这种简洁又充满尊重的方法奏效了。

接下来我用简单的英文进行自我介绍，希望学生了解我，也把英语融入生活。没想到第一个“刺头”这么快冒出来。我正说着，突然一个高大的男同学用中文大声说：“听不懂!”这是正面撑，正面刚，而且表情和语气不善。气氛立刻紧张起来，所有学生都看着我，那名同学面带得意，好似在说：“下不来台了吧，看你怎么办。”我微笑地看着全班所有学生，用英语淡淡地说：“I’m not that weak!”接着又说，“And I’m not that hard!”我是说我没有那么脆弱！也没有那么坚硬！接着继续自我介绍。这个过程我

没有指责他，给了他尊重；也让所有学生知道，对我放箭没用，我不是靶子，箭只会射进空气里，伤不到我一分一毫。那以后果然再没有这种挑衅。但是我也知道，这个男同学容易受伤，需要关爱。

我在学生当中搜集情报，了解到他叫大刘，由于家庭原因，他缺爱、脆弱、叛逆、易怒；皮肤易过敏，时不时全身红痒。我经常在课下关心他的健康和生活，他倒是挺愿意跟我说说他这从小的毛病。我还发现，虽然他跟教师叛逆，但是对其他学生还是很友善的。开学不久，班里的小陈同学和其他班的学生发生了矛盾，甚至几乎上升到肢体冲突。在其他学生都在观望的情况下，只有大刘站出来，用双臂抱住小陈，保护住他，把他往回拉，避免了冲突升级。短短一个月时间，大刘和小陈还没有建立起那么深厚的友谊，他的行为源于内心对别人的关怀。回到班级后，我当着全班学生的面大力赞扬了大刘，说他挺身而出，有担当，出手及时，得体地帮忙解决了问题。第二天我在走廊里看到他，快一米九的大个子，走路都是蹦蹦跳跳的。尊重、关爱和赏识让大刘越来越柔软，班级氛围越来越和谐友好。

二、给学生表现的机会，营造相互欣赏的班级氛围

班里有一个小段同学，叛逆，时不时发表一些不得体的言论，而且很有号召力，是个让教师们都很头疼的学生。他坐在最后一排，经常上课和其他同学说话，但是他每次考试的成绩还是不错的，因此他也比较自命不凡。我了解到他书法写得特别好，刚开学就把书写班训的任务交给他，第二天他就交了过来。期中考试后的表彰大会，我请小段给同学们写奖状，这孩子居然毫无怨言，认认真真写了一节课。每一次他出手，我都极力夸赞和感谢。私底下我也经常找他谈心，疏导他的情绪。

慢慢地，小段在学生和家长中的声誉越来越高，他也不那么叛逆了。上课说话这个情况对小段和其他学生都很不利，影响学习，也影响整个班

级的课堂氛围。我还是利用书法这个点，不批评他，反而在他上课说话的时候微笑地把他请到讲台上，说我忙不过来，需要“书记员”帮助我写板书。小段在讲台上记录笔记，又快又漂亮，他会的还真挺多，英语生词也能够自己拼写出来，引来同学们竖大拇指。有一段时间我一直找他上台当“书记员”，他不情愿的时候，同学们都喊他，让他来，他想推都推不掉。这时在课堂上我露出胜利的笑容。班级里学生跟教师对立的氛围消除了，学习氛围也越来越浓厚。

三、赞美学生，营造和谐融洽的班级氛围

小王同学头脑敏捷，语速很快，但有时候与人面对面交流不太顺畅。线上教学时我发现他每次都在课前按照要求主动打开摄像头，和教师课上沟通也很不错。一次开线上班会，主题是“如何提高线上教学效率”，我请小王同学分享。他说：“其实大家都能按要求打开摄像头就能节约很多时间。”我顺势高强度表扬他，夸他认知到位，行动积极，号召大家都向他学习。接下来的期末考试他英语考了 126 分，涨了 20 来分，只比第一名少 0.5 分。我就邀请他在期末家长会上发言，分享他的学习经验。他欣然接受，十几分钟就把发言稿发给我，并多次精心修改。在家长会上，他克服了紧张心理，发言越来越自然，顺利完成任务，受到家长和学生的夸赞。高三冲刺阶段我俩也经常探讨一些有难度的英语文章怎么理解，不只我引导他，他的思考和认知也经常能给我启发，我极力地夸赞他思维敏捷、全面。在我的赏识下，慢慢地小王同学受到了全班学生的认可和赞许，最终在高考考出 618 分的全班最高成绩，进入理想的大学。

在我的尊重、关爱和赏识下，越来越多同学身上的“刺”软化了，甚至不见了。整个班级越来越和谐，学习氛围越来越浓厚。

四、正向引导加花式批评，营造轻松班级氛围

高三(10)班这40来个学生都特别爱说话，而且由于男生较多，一旦开始讨论，教室就会变得非常喧闹。尤其是在自习课上，他们一旦开始讨论问题，就无法控制自己的声音，并且很容易跑题，上一秒讨论着学习，下一秒就跑题到吃喝玩乐。十几岁的孩子能量大，又需要沟通交流，这些都可以理解。但纪律必须保证，我对他们的要求是，一响铃就要安静下来，按照规定去做应该做的事情。但是他们不能一直保持安静和专注，那我就会陪伴他们。

每天早上，我都会在到达学校之后立即进入班级。当他们的声音变得很高时，我不会批评他们，而是告诉他们："现在是安静下来并开始做正事的时候了。"如果他们还不停下来去学习，我就会拿出手机拍摄一些认真学习的学生的照片，然后发送到家长群里。这样不安分的学生也只能安分下来了。下午的自习课一响铃，我就会进入教室，组织学生们安静下来，然后坐在讲台旁边默默地做题、备课或批改作业。我会时不时地走动一圈，看看他们在做什么，他们的学习效率如何。他们就这样和我一起安安静静地自习。我为自习课制定了明确的规定：如果有问题需要找教师，或者同学之间需要讨论，他们必须先示意我，然后才能离开教室。如果中途有人发出讨论声音，我会抬头用手势示意他们安静。或者慢慢地走过去，轻声对他们说："请保持安静，如果需要讨论，请到教室外的讨论区。"经过几次后，他们已经养成了这个习惯，只要我在教室里，他们就会保持安静。偶尔我有事情离开一会儿再回来，发现他们又开始说话了。这时我会有点儿生气地"训斥"他们："你们都像年糕一样，一秒钟都离不开老师。"他们都会心地笑了，也知道要安静下来了。后来我们之间的关系更加亲近了，他们的自习纪律也有了改善。我发现如果直接批评他们，与他们正面对抗会导致他们产生敌对情绪。所以即使是批评，也需要有策略地进行，

用一些委婉的方式。这样，师生之间的关系更加融洽，学习氛围也更加浓厚。

五、经验总结

1. 人都会犯错，批评是无用的，反而激起抵触，只能使人急于辩白；批评是危险的，它伤害自尊，甚至让人萌生恨意。

2. 建立良好人际关系的原则：建立对他人的兴趣，真心诚意地关注他人，用最真诚的态度赞美他人。我在教育教学实践中应用了这一原则，取得了令人满意的效果。打造良性的师生关系，营造和谐的班级氛围。

3. 当老师尊重学生，孩子也会尊重老师。作为高三班主任，我成功地用尊重和赏识为学生们护航，助他们不断提升，高考成功上岸，进入自己理想的大学，开启人生新的篇章。

从“野蛮”到“文明”：班主任中途接班策略

初二伊始，作为初二(9)班、初二(10)班的英语老师，由我来接手初二(10)班班主任的工作，做教师15年，第一次半途接班，还是有些忐忑。学生们还是熟悉的，但如何在稳中求变，推陈出新，却又不显突兀？几经思考，我想到了自己的“两年方针”——文明其精神，野蛮其体魄。

一、缘起

首先这么棒的两句话，不是我说的，是作为“二十八画生”的毛主席在《新青年》杂志上发表的文章《体育之研究》中写到的“体育之效，至于强筋骨，因而增知识，因而调感情，因而强意志”。他说中国要“文明其精神，野蛮其体魄，心力体力合二为一，世上事未有不成”。

同时，自2021年9月，本人与“双减”这个热搜词汇，同时登上了班主任的舞台，无论你对这种改变是爱是“恨”，总之，课后服务一小时真的有了，学生的作业真的少了，而之前爱说爱笑的我真的当了初二(10)班的班主任了！

但做了班主任，怎么就先急着让班里的学生先“野蛮”呢？

二、为何先“野蛮”？

初中的学生正处在身体快速发育的阶段，体育锻炼可以增强身体免疫力，同时培养学生的意志力与毅力。初一的教师们对初二(10)班的评价是“很乖”，而我相信体育锻炼可以让初二(10)班的学生们的自信心、团队合作精神更上一层楼。

说来也巧，2021—2022年这个学年的暑假和寒假，夏季和冬季奥运会接踵而至，我也化身追“星”族，男乒团的情意，全红婵、谷爱凌和苏翊鸣的努力……在追“星”中我充满了深深的民族自豪感！

于是接班初始，结合之前我对“乖乖”初二(10)班的了解，以及了解到“双减”会带来的“课后一小时”这样的充裕的可支配的时间，那我为何不借着“双减”这个东风，把假期里自己的感触和想法落实下去呢？

首先，以新的身份见初二(10)班，就要有一个新的态度，记得是开学典礼那天，我们开了见面班会，通过互动，加深了对电视剧《觉醒年代》和奥运精神的理解，之后，我直接把毛主席的这句话抛给他们：“文明其精神，野蛮其体魄。”

学生们以小组讨论的形式，讨论这句话的含义。通过讨论，学生们初步了解到自己之前可能只文明了自己的体魄，有时候还野蛮了自己的精神。那么初二新学期又有什么打算呢？通过小组讨论，写出个人计划，并通过班会制定了我们的板报。

三、如何得“文明”？

大方向有了，之后就看细节反馈，见招拆招。开学初，就有家长跟我反馈体育老师不批准学生的请假，我在体育教师张老师的细心帮助下，具体了解了关于体育课请假制度和现在的体育评分标准，于是在体育馆中开了一个小班会，解释了请假的制度和具体要求，希望学生们从心底能了解体育教师对他们严格的爱，是对他们自己的健康，甚至体育中考大有帮助的，并且要和自己的家长沟通好本学年自己的体质目标，反馈给我作为参考。班会结束的时候，我们分男女生，大声宣读了“文明其精神，野蛮其体魄”口号，给自己加油打气！

此次小班会后，我们班板报的右侧，贴上了《体质测试评分标准》。有了准则，才有动力！有了标准和准则，但具体怎么实施呢？正在我思考的时候，我们学校的心理老师们推出了一个心理团队辅导的活动。

结合初二(10)班的现状和之前学科培养的积极的小组观，陈书记与心理组教师们和我商议后，决定相约每周一的班级课后服务时间，让学生们身体和大脑都动起来！

初二上学期，初二(10)班共做了10次团体辅导：自由分组、操场团建、搭塔竞赛、沙盘互动、学习目标、学会坚持、如何坚持、携手同行、总结会和情绪疏导会。学生们都通过团体操作或者体能脑力，自我总结经验教训。比如他们印象深刻的操场团建“车轮滚滚”，这个游戏对于小组成员的合作和体能都很有挑战性，但学生们玩得其乐融融，特别是平时都不怎么笑的小溢同学，作为体育生，在学习上一筹莫展，但在这些团体活动中，他不仅是带头人，给大家出主意，而且真正发挥了他体能和意志品质上的优势，大家也真正看到了他身上的体育精神和发光点。虽然满头大汗，但你看，他笑得多好看！

搭塔活动后，我们班板报的左侧，便贴上了他们的成果和小组荣获的奖状，我们班级的精神文化建设，基本成形。

班内的气氛有了，但还要有家长这个强大的后盾。“太乖”的学生背后总会站着对他们有求必应的家长，比如体育课经常给学生请假这个问题，说明初二(10)班的家长对学生的挫折教育有所欠缺，导致体育精神不佳。而且初二(10)班家长最初也属于沉默型，比如教师在家长群里发一条消息，回复率是很低的，气氛也是尴尬的。因此，要激发学生，就要先调动家长的热情！

首先，记录更多学生美好的瞬间去分享，鼓励和沟通相结合。强大的正向分享，让家长对学生学校生活充满肯定和支持。其次，建立需要家长配合的班级制度，让家长明确班级的短期和长期目标，这样他们就真的可以走进初二(10)班，愿意表达自己的想法，同时也能带动学生们的积极性。家长配合了，学生才能不钻空子，班风才能形成良性循环。

当然，如果只靠每周一的团体活动，班级精神的落地性不会那么理想。班主任要做到见缝插针，对每一个能够观察并切实跟进的时刻都不能放过。

比如大课间跑操的情况，总会有个别同学跟不上，我就抽时间去跟着他们上体育课，一起做热身运动，一起慢跑三圈，询问体育教师情况，对“症”下“药”，和家长取得联系和并获得支持，家校配合，巩固训练成果。

比如利用课后服务前的20分钟，让大家多活动，同时做好每天的值日班长的总结活动，大家一起讨论班里的一些行为，我也会把讨论的精彩瞬间分享给家长朋友们。

四、新起点

团体辅导形成的小组精神，在这里也起到了很好的辅助作用，在这种大家共荣共损的精神下，每个小组为了班级建设都那么拼搏！都希望为自己的小组量化成绩加分呢！就在我们全体上场的拔河比赛中，原来偷懒不跑步的姑娘都努力到手破了也不顾，都那么开心！激动人心的拔河比赛，我们成了坚持到最后的勇者，每个学生都那么骄傲！

经过一年的努力，我们班学生的体质成绩和精神面貌都得到了很大进步，班级的整体文化课成绩明显有向上的趋势！

运动会和各类集体活动，我们初二(10)班的学生都会踊跃参加，特别是在集体的接力比赛中，我们都会取得很好的名次，因为我们是有着“野蛮体育精神”的文明少年！

2023年，是我们大展宏“兔”的一年，新开局、新起点，让我们迎着“双减”的浪潮，乘风破浪，去实现毛主席百年前给我们提出的目标——野蛮的体魄，文明的精神！

身心并进：班主任中途接班策略

当谈到营造一个让学生真心喜爱的集体时，每一位班主任都怀揣着共同的梦想。这样的集体应该是有规矩的、包容的、有爱的。它离不开公平公正的班规、教师和学生的互相关心、班级的凝聚力等。然而，在我看来，最关键的一点是要做到“共情”。只有尽可能地做到与学生“共情”，我们才能与他们的心灵无比贴近，才能让他们在班级中感到真正的温暖。否则，我们就会成为他们眼中的“不理解他们的人”，那他们怎么会向我们敞开心扉呢？

一、从细微的学生辅导出发，营造包容、安全的班集体

我曾经有过一次让我非常后悔的经历。那是初一的时候，我们班的班会一直都是以家庭座谈会的形式进行的，每位学生都可以畅所欲言，指出班级问题并提出改进措施。班里有两个十分活跃的学生。每次班会上，无论是什么问题的开头，最终都会绕到他们身上，他们不断在班会上向同学们道歉并保证会改正自己的行为。当时的我有些得意，感觉像是“借刀杀人”。

直到有一天的下午，他们跑过来问我：“老师，下午有班会吗？”我回答：“下午没有班会，有其他活动。”他们欣喜地说：“太好了！”我很奇怪地问：“为什么不喜欢上班会呢？”他们回答：“老师，班会课不就是我们的批评大会吗？您知道我们这一节课 40 分钟是怎么熬过去的吗？”这时我愣住了，像是被晴天霹雳击中一样。

我突然意识到，因为我的引导不当，让这两位学生经历了什么！只是

因为他们的行为习惯不好，缺乏规则意识，就要变成全班的攻击对象吗？我只是想让他们尽快改变，但怎么能忽视这两个还如此年幼的孩子的内心承受能力呢？

我当时一分钟也没有等，意识到需要赶紧弥补我的过错，于是我安排了一节课的时间来处理这个问题。在课上，我首先向那两位学生鞠了一躬，向他们表达了对忽视他们感受的抱歉。然后，我向全班鞠了一躬，因为我的引导方法的错误，严重降低了班级的温度。

我跟学生强调家人之间应该是互相包容、欣赏彼此优点，而不应只有互相指责和挑剔。从那时起，我们班的班会形式彻底改变了。对于出现的问题，我们只提到现象，而不直接点名指责。并且，我们积极表扬周围有点滴进步的学生。

然而，没过多久，几位科任教师纷纷在课上发现了那两位学生的不自律，要求我将他们分开。你可能为我感到高兴，终于可以理直气壮地采取行动了。但我冷静下来思考，为什么这两位学生如此愿意在一起呢？

因为在他们的眼里，他们已经将自己看成了班里的特殊人群，容易犯错被批评的那一类。而这种类别只有他们俩，他们彼此有一种相依为命的感觉。如果强行将他们分开，很可能成为压垮他们的最后一根稻草，这么重的压力可能让他们放弃努力，甚至可能成为两个逆反的学生。我了解他们很单纯，他们没有故意犯错去扰乱课堂，只是缺乏自控力，缺少改变的动力。

于是，我决定努力一把，为他们找到动力。当我找到了他们时，他们似乎已经猜到了是什么事，低着头非常低落。我对他们说："现在很多老师都向我投诉了，你们说我该怎么办？"他们一边承认错误，一边极力保证会改正，不会再犯错。这时我突然对他们说："好，我相信你们！"他们惊讶地瞪大了眼睛，半天没说话。我接着说："因为我知道你们在一起交流、学习时是多么快乐！我也相信你们正在努力，只是需要时间。无论如何，我相信你们，站在你们这边。我想和你们一起向所有人证明，你们也可以变得优秀！”当时，这两个大男孩眼眶里都有泪花，或许他们从未被如此理解和信任过。

之后，我不断鼓励他们，以类似的方式表达对他们的支持。大家肯定好奇我是否成功了。我可以告诉你们，现在我们班没有任何一个经常受批评的学生了！其中一个男孩在上学期主动将桌子搬到讲台旁，因为他觉得在那里听课效果更好，这个举动是自愿的，这个例子足以说明一切。还有许多类似的例子，可惜篇幅所限，无法一一分享。

之后，我一直从学生的角度出发思考所有班级事务，让每位学生都感到被重视、被理解。最重要的是，我让他们感到在学校的学习时光是快乐和幸福的。只有在这样的环境中，他们才会自愿地努力和奋斗。我相信那些得到我们深深理解的学生的心会离我们越来越近，对我们也会越来越信任。

二、包容的班集体，滋润着每个学生的成长与蜕变

在一段时间后，我开始着重整顿班内作业诚信问题。我明确了班内对作业的要求和相应的处理办法，但仍然有一些违规行为频发。其中让我意外的是平时表现优秀并且担任小组长的女生小李。有一天，当我批改作业时，突然发现小李的最后两题明显是通过网络抄袭的。这让我心情复杂，不愿相信这个事实。我把小李叫到面前，心平气和地询问她是如何解答这两题的，实际上我是在给她一个机会，只要她能够坦诚地说出实情，我就会原谅她，谁都有犯错的时候，关键是能够改正。

我站在学生的角度想，也许她只是想给教师留下良好的印象。然而，她让我再次感到失望，她编了个比较拙劣的借口，试图糊弄过去。我强迫自己稳住情绪，一一揭穿了她的谎言，让她承认并信服。

接下来的处理方式是解决这个问题的关键。小李是个女生，比较内

向，在处理上我曾有些顾虑。但既然我已经在全班公布了规则，我就必须一视同仁，保持公平公正。因此，当天我郑重地在班级里公示了小李的处分决定。

这样的处理对小李来说无疑是一次巨大的打击。她肯定会面临巨大压力，也可能出现自我否定，甚至可能会对这门学科失去学习兴趣。这些都是不能忽视的风险。我的最终目的并不是惩罚她，而是想帮她成为更好的自己。因此，我采取了以下措施：第二天中午，我利用午间时间召开了一个短会。我让小李走到台上，首先让她向全班道歉，认识到自己的行为对班级风气造成的影响。接下来，我让她在讲台上坐下。然后，我问全班学生为什么要让她坐下来，学生们互相看着彼此交换着疑惑的眼神。我解释说："小李犯了错误，她已经承担了相应的后果，已经足够了。对一个人的惩罚不应该是无限的。因此，从现在开始，应该是小李重新开始的时间。不应该再有人继续纠缠这个事情。所以接下来，小李不需要再站在前面，可以和大家一起坐着。"我看到，小李的眼中闪现出一丝亮光，她感到非常意外。

紧接着，我让学生表达对小李的看法。由于在前期已经形成了"少指责、多赞扬"的班风，不出所料，大家纷纷对小李进行充满赞扬的评价，几乎把她夸得完美无瑕！小李都有些不好意思了。

然后，我问小李："现在你能够感受到当时老师和同学的心情了吗？在我们心中，你是如此出色，我们都特别不希望这个小小的过失影响你变得更加完美！但我们相信你很快就能回到最初的自己！加油！"小李含泪重重地点了点头。

晚上，我接到了小李妈妈的电话，妈妈很激动地说，小李告诉她，原来接受这个错误没有那么困难，小李觉得一定要改掉这个坏习惯！

无论是"学困生"还是"学优生"，他们都渴望着被理解、被关注，学生们可能会拒绝规章制度，但没有人可以拒绝爱和理解。

三、经验总结

1. 遇到问题，第一时间换位思考，让自己“蹲”下来真正站在学生角度深刻体会学生的所有感受和想法。

2. 解决问题过程中，务必要尊重学生，保护好学生的自尊心以及学生在集体中的形象，这样他才有勇气从头开始。

3. 学会相信学生，信任的力量足以让一个人改头换面，利用好契机，给足信任，学生一定能更好地成长！

第二篇

春风化雨，润物无声

——班干部领导力培养的育人逻辑

教者，效也，上为之，下效之。

——《白虎通义》

此言意喻教育之本质在于以身示范：居上者躬行实践，居下者方能仿效追随。班干部的培育，恰如春风化雨，既需班主任以德润心的无声浸润，亦需班干部以身作则的榜样立信。

班干部既是班主任管理班级的有效助手，也是班级工作"最后一公里"落实的有效责任者。班干部的选拔与培养质量直接影响着班级管理的实效性——高素质的班干部队伍不仅能显著提升管理效能、减轻教师负荷，更能通过规范引领促进学生自律与自我管理能力的形成。必须承认，班干部的素养与能力与其自身有一定关系，但更源于班主任系统化的进阶培养。班主任们通过实践经验共同凝练形成了"CARES"班干部培养模型。

精耕育苗(Cultivate)：通过凝聚共识、树立榜样、提供支持、给予策略指导以及进行激励评价等步骤，系统地培养班干部的能力，形成一套完整的培养方法论。

架构设岗(Architecture)：通过设计多样化的岗位，明确各岗位职责，确保全体成员平等参与。

底线放权(Release)：在明确班级规则底线的前提下，班主任将部分管理权力下放给学生团队，从而激发学生团队的自治潜力。

卷入历练(Engage)：以班会课等平台为依托，引导班干部主导班级公约制定、积分制度设计和竞选活动组织等工作，让班干部在真实的管理场景中锻炼沟通协调能力和领导能力。

故事形塑(Storytelling)：通过讲述具体的叙事案例，结合小品、相声等艺术化呈现方式，避免单纯的说教，使班干部的价值示范更加具象化，进而凝聚班集体的精神向心力。

这些班主任的实践智慧启示我们——班主任应是班干部领导力发展的策展人，班干部培养的真谛不在于塑造高效的管理工具，而在于孵化未来社会的建设者。那些在岗位轮值中学会平衡的班干部，在矛盾调解中懂得共情的班干部，在制度建设中理解公平的班干部，终将成为托举社会文明的隐形脊梁。

如何培养班干部

班干部是班集体的“龙头”，在班级各项工作顺利开展，带领同学向前迈进中，起着表率和桥梁的作用。班干部素质的高低，直接影响着班风的优劣。一个班级有四五十个学生，要保证每位学生都能时刻维护集体利益、团结协作是很难的，但若能从班干部着手，培养起他们强烈的主人翁意识，渐渐地由点带面，那么班级很快会形成一个有凝聚力的整体。因此，培养一批优秀得力的班干部，是建设一个团结友爱、积极向上的班集体的关键。

一、凝聚共识，激发热情

高昂的工作热情是班干部做好班级工作的重要保证。激发班干部的工作热情是班主任配备好班干部队伍后的首要任务。班主任要带领班干部建设班级文化，带领学生思考讨论以下问题：怎样的班集体对个人的帮助最大？我们应该制定怎样的班级愿景和班级制度？什么是班干部？班干部对班集体的意义有哪些？一个优秀的班级需要什么样的班干部？等等。通过对这些问题的讨论和明确，不断地凝聚共识，激发起班干部和所有学生建设美好优秀集体的热情和动力。让班干部知晓自己在班级中所处的重要位置，使他们明白：做班干部的过程，是培养自己管理能力的最好契机，激起他们的荣誉感，增强责任心和使命感，从而营造班级里人人想做班干部、人人都愿意为建设优秀集体而努力的积极氛围。

二、做好示范，严格要求

班级初建，学生、教师都处于一个互相了解甚至试探的阶段，部分班干部的工作经验也不充足，为了使班委成员更顺利地开展工作，这段时期，需要班主任跟班到位。课间操，早、午、晚自习，班级和卫生区的卫生等，班主任都要到现场督促、指导，在给学生提要求、规范班级的同时也是给班干部做示范。班主任要经常召开班干部会议，把班内的工作分门别类，安排到人，明确职责，做到“事事有人做，人人有事做”，各个项目的标准怎样、处理到何种程度等，都要详细地跟相关干部说明。

班干部要发挥自主管理作用，最重要的是他们说话有人听，安排的事情有人干，这就必须树立班干部的威信。俗话说“打铁还需自身硬”，对于班干部来说，要求别人做到的，首先自己也要做到。只有这样，班干部才能在同学之间树立威信。因此，班主任必须引导班干部主动认同和接受班规班约和校规校纪的约束，自觉规范自己的行为，不能有丝毫的特权。反之，如果自己都做不好，又有什么资格再去管别人？必须杜绝自己刚犯了错误马上就管别人的现象。很多时候有些班干部会“恃宠而骄”，觉得班主任会对他网开一面，这极容易让其他学生感觉班主任不能“一碗水端平”，也就不利于班级的管理。因此，班主任要鼓励他们在各方面严格要求自己，及时总结优点、纠正错误，这样才能便于他们开展工作并成为同学学习的榜样。

三、保持沟通，做好后盾

在班级管理中，班干部总会因为经验不足、遇事缺少应对措施而不知所措，或是因为管理严格被学生误解而寻求帮助，此时他们总想与人商量。班主任此时要成为班干部的贴心人，细心观察和倾听他们的困惑，并给予精心的开导。班务会上要以听为主，让班干部自由发言和讨论问题，班主任要协助指导他们决策，并在公开场合多表扬他们，帮助他们树立形象和威信。同时，班主任要保护学生的隐私，不泄露不应公开的信息。在这种氛围下，班干部都能充分体会到自己不是班主任的“传声筒”，拥有自主管理、锻炼能力的空间。不论是成功还是挫折，都能充分信任班主任，敞开心扉，轻松自如地与教师沟通。

班干部在工作中可能会产生一些负面情绪，比如畏难、急躁、沮丧等，这是十分正常的，班主任要定期召开班干部会，与他们一起分析和研究班级情况，及时解决存在的问题，让班级充满正气。必要时，班主任要为班干部说话，排除障碍，成为他们的坚强后盾，让他们感受到班主任的理解和支持，进而更加积极地开展工作。

四、精心指导，提升水平

班干部制度是一种班级管理制度，更是一种培养人的制度。班干部的自主管理能力是靠班主任培养出来的，也是在后天的具体管理实践过程中和同学们磨合锻炼出来的。为此，班主任应定期或不定期地对他们进行必要的培训和指导，教会他们一些基本的管理方法和策略，提升管理的科学性和理性，提高其执行力，具体可分为以下五个步骤。

1. 明确目标和意义

布置工作前，先清楚地告知任务的目标及其意义。每项工作，都要明确它的目标及其意义，以此提高班干部对实现目标的兴趣。要知道，在乐干的心态下，他们才能发挥最佳水平。任务的目标及其意义可以从学校、班级及学生个人三个方面去分析，要切合学生实际，提出的目标是学生经过努力可以达到的。多次分析后，悟性好的班干部接到任务通知后，就能够很好地抓准动员学生参与的关键点，这样，活动就能搞得更有声色，更接近我们的教育目的。

2. 制订计划和要求

班主任在布置工作任务时不能只当学校的“传声筒”，要结合班级管理制订计划，在期限内逐步执行落实学校要求。例如，各项任务要按照轻重缓急列出计划表，逐一分配给班干部。分配工作时，要注意班干部与工作任务的对应关系，同时也要注意分配工作的方式及语气，比如对学生未来造就的可能性怀着期待的情感，并向学生透露这种期待。这种情感会触动学生的心灵，从而诱发和鼓舞学生做出积极的反应，从而高效率地完成工作并实现自身的发展。

3. 进行监督和检查

班主任大胆放手锻炼班干部，并不意味着班主任可以袖手旁观，相反，班主任的“舵手”作用是不能弱化的，要对工作予以督促和检查，把握好方向。督促和检查要把握好时机，若是操之过急或是控制力不足，都不利于执行力的提高：频繁过问会使班干部失去主动性和自我发挥的机会；控制力不够则可能出现工作效果偏离要求的局面。

4. 做好协调与合作

学会合作不仅是现代教育的主题之一，也是班干部提高工作质量的重要保证。因此，要求班干部既要分工明确、尽职尽责、独当一面，又要合作共事、优势互补，充分发挥班委会集体的智慧和力量；既要经常与班主任联系，又要注意与科任老师沟通；既要加强与本班同学合作，又要加强班际交流。

在执行过程中，班主任要通过工作汇报、班干部例会、聊天等方式，不断与班干部进行沟通协调，掌控班干部执行的全过程：工作任务由谁牵头，如何调动全体学生的参与兴趣，哪些班干部要全力配合，执行在哪里卡壳，为什么会这样，下次执行大家应该注意什么，哪方面的配合还可以做得更好，等等。通过沟通协调，加强合作，提高默契度，能够使班干部队伍的执行力产生叠加效应。

5. 多给舞台和机会

“纸上得来终觉浅，绝知此事要躬行”，要培养能力，关键是实践，实践就是行动，它是最好的课堂。有意识地放手让班干部去做事，自己动脑筋，想办法，动手解决问题，让他们经过努力去克服和解决问题，在锻炼中深化对知识的理解，形成能力。要在全班范围内努力营造班干部能工作、能干好工作的良好氛围。一是班主任要创造机会、搭台子、放权力让班干部去工作，要让他们切切实实地参与到工作中，不能只充当“杂务员”和“传声筒”，如实行班干部轮流值班制，让班干部代理班主任组织、管理班级日常事务。在重大活动上，可以事先听取班干部对活动的计划打算、程序方法，肯定其合理之处，帮助其完善不足的地方，然后让他们去组织实施。活动后，要求他们对照计划，分析比较，总结提高。二是要做好学生的思想教育工作，教育引导其他学生大力支持、密切配合班干部搞好每一项工作，从小事做起，从自身做起，不干扰、阻挠班干部工作。班主任不要轻易插手而是要留心观察，成功之处及时表扬，不到位的地方要及时跟他们一起找原因，毕竟敢做才能进步。

五、重视激励，落实评价

班主任在班级管理中需要注重赞美和批评的运用，以保护班干部的自尊心。班主任应该积极表扬班干部的优点和进步，并宣传他们的先进事迹，激发他们的带头作用。

同时，班主任还需要建立监督考核机制，全程监督学生的自我管理过程，并进行公正的考核评比。对于表现好的学生，要进行奖励和鼓励；对于表现一般的学生，要多谈心、多鼓励，增强其自我管理意识和自信心。

此外，班主任还应该实行奖罚分明的原则，定期竞选班干部，激励班干部不断改进。为了培养更多的学生，可以尝试让学生推荐或自荐临时班干部，由原班干部指导其工作，加强班干部与学生之间的交流和合作，促进班级的良好有序管理，实现学生的自我管理和班级的发展。

六、经验总结

班干部的培养是育人的过程，是建构班级管理体系的核心和关键，需要我们持之以恒、久久为功。

1. 晓之以理、动之以情，激发起班干部建设美好优秀集体的热情和动力是开展培养的基础。

2. 明之以责、授之以法，教会班干部一些基本的管理方法和策略，经常带领他们进行复盘分析，树立其信心，提高其效率，提升其能力是班干部培养的重点。

3. 发挥班干部作用，构建全员参与的管理网络，是班干部培养的最终目标。在班干部的带领下，所有人都行动起来，参与到班级管理中，形成人人有事做、事事有人管的班级氛围，必将促进学生行为习惯的培养、道德素养的不断提升，从而形成以班干部为骨干、所有学生参与的管理网络，让学生的自我管理成为班级管理的主旋律。这样良好有序的班级管理会促进班集体的发展，集体的发展会带动个人的进步。学生在这样的班级中，感受到的不是制度的约束，而是发展的空间和成长的快乐。

春风如有信，花开自有期

——浅谈对班干部的培养与管理

班干部是班主任的重要助手，也是班级成长与发展的关键力量。在班主任的德育工作中，我们不能忽视对班干部的培养与管理。我们需要分析班干部出现不当行为、焦虑和迷茫的原因，积极与科任教师和家长保持联系，形成教育共识和合作力量。本文以班干部管理中的个案为例，总结和反思班主任可以采取的有效措施，以更好地教育和引导班干部，促进他们的健康成长。

在初中阶段，学习和学生发育的特殊性导致许多教师都面临一个问题，即刚入学时学生对当班干部很积极，但过一段时间后，很少有学生愿意担任这个职务。除了学习压力外，主要原因是初中阶段学生个性较为突出，而在班干部的选拔中，并非总能辨识出合适的人选。这导致班干部的管理水平参差不齐。在很多情况下，继续使用小学阶段的“压制手段”来管理班级是行不通的。班干部常常面临“管不听，反遭讥讽”的情况。一系列管理过程中的挫折让班干部的管理热情大受打击，甚至深感委屈，不愿再担任这个职务。这种情况下，班干部也会感到手足无措，陷入迷茫和焦虑，严重时还可能导致学习成绩下降。接下来，我将以几个个案为例，总结一些关于班干部培养与管理的启示。

小 C 是个上进心极强，在学习上自我要求比较严格的学生，刚进入初中时就立志当班长，经过了自荐、投票、试用期等环节，小 C 表现出色，以高票当选为班长。当选班长之后，小 C 工作尽心尽力，得到了大部分教师和多数同学的一致认可，当然也有小部分反对的声音。这源于小 C 在纪律上频频出现问题，比如上课说小话，身上也总有股过于争强好胜的劲头，让作为班主任的我着实有些担心，怕对他的成长造成不良影响。

这种情况出现后，如果直接更换班干部，而没有深究其原因，不利于班干部队伍的建设。班干部的培养是一个长期的过程，要结出硕果就需要我们不断用“沟通与引导”来浇灌。

一、倾听心声，引导班干部走出迷茫

班主任首先要学会倾听班干部的心声，理解并肯定他们的付出，发现他们的亮点与潜力。这样，班干部才会找到精神依托。与小 C 深入沟通后，他觉得不能服众只是和自己的管理方式有关系，与自我管理的关系不大。恰逢线上授课，小 C 没有了说小话的机会，又看到自己平时测试的成绩甚至不如一些基础不扎实的同学，所以心急如焚，更加专注于课堂，积极回答问题，认真完成教师布置的每一项作业，考试的时候成绩突飞猛进。转到线下课，小 C 上课的时候认真记笔记，松懈的时候请家长与各科教师监督，不久小 C 的成绩又有了提高。他一下明白了我的用意，也意识到了管理能力的不足原来与自我管理有关，提高自我管理就能在纪律上服众，发挥班干部的榜样作用。其实，与学生的沟通不能急功近利，而是应该走进学生的内心，倾听学生的心声。即使班干部对自身的问题认识不足或不赞同班主任的看法，也不必像辩论一样说到学生认同为止或更极端地直接更换班干部。可以换一种思路，引导学生找到切实可行的做法，设置观察期看成效。

二、发挥榜样作用，转化特殊需要学生实现高效管理

班主任需要倾听班干部的心声，班干部也学会了这招，他去倾听了班里“管也不听”的“小刺猬”的心声。“小刺猬”名为小 H，两人为学习上的师徒，小 C 是个很负责任的师傅，放学后帮助小 H 答疑，小 H 从一开始的

逃跑式挣扎到看到成绩提升后的乖乖“就范”，令教师们喜出望外。小 C 说小 H 的蜕变源于他们之间的一次心灵对话。小 H 由于家庭原因和转学等变动，所以一直焦虑、无心学习。于是小 C 帮助小 H 分析他每一科可以提升的地方，与小 H 一起憧憬美好的未来，说到激动之时小 H 突然说出了自己理想的高中并斗志满满。小 C 说道：“我在小 H 眼睛里看到了光，一瞬间我就放心了。他就像迷茫、焦虑时的我，也需要一个帮他指明方向的引路人。”从此，班里没有了“管不听，反遭讥讽”的情况，小 C 作为班干部的威信越来越强了。当班干部慢慢有了威信，班主任才能够大胆放权，最终形成学生自主管理的良性循环。班干部想要树立威信，除了需要提高自身能力之外，更重要的还要班里其他学生的积极配合。通过心灵抚慰，扫除“小刺猬”的心理障碍，换位思考，做好思想引导，慢慢转化特殊需要学生，最终让特殊需要学生找到自己的价值。班干部懂得发挥榜样作用，不仅能力得到提升，特殊需要学生也得到转化，整个班级的良好风气逐渐形成，也就达到了高效管理的目的。

三、培养班干部团队，推进管理工作的有效进行

在得到同学们的认可后，小 C 的干劲十足，在班级管理方面也越来越有自信了。有一段时间班里的“答案群”层出不穷，小 C 作为班长能够协助班主任了解情况，集结班委开会劝散“答案群”，还设计了主题班会并担任主持人。在小 C 的带动下，很多班干部的管理热情得到提升，有了这样能服众、知进退的得力小助手，我们班的管理距离真正的民主越来越近了。班级精神文化建设是学生良好习惯养成和道德品质提高的重要途径，是借助班干部队伍作为核心力量对学生进行教育的有效方式，它可以潜移默化地影响学生。例如：设立读书角，用丰富的课外书籍提升学生的文化修养，充实学生的精神世界；开展主题班会，班主任牵头，班干部主导每两周开一次班会，文艺委员、宣传委员组织同学将班上同学的突出问题汇

总，或就近期与校园生活有关的社会热点问题，以小品、说唱、相声、快板等多种形式表演出来。让学生们在快乐中反思与成长，这两种形式既锻炼了班干部的组织能力又激活了班会教育能力，增进学生之间的交流与互动，增强班级凝聚力的同时也让学生在不知不觉中提高了自己的精神境界。

四、经验总结

1. 作为班主任，在进行班级管理工作时要注重对班干部管理工作进行总结和反思，根据班级和班干部的实际情况制订计划和策略，使管理工作能够得到有效推进，促进班级和班干部的有效发展。在总结过程中，班主任要对班干部管理工作的过程、策略、成效三个环节进行反思，使管理工作能够对更多学生和班级的发展起到促进作用，实现班级管理工作的进一步优化。

2. 在初中班级管理中，班主任要从班级的实际情况出发，首先制定出切实可行的班干部管理制度，然后力争快速、高效培养班干部团队，让他们作为班主任的助手参与到管理工作中，充分发挥自己的榜样作用，增强其他学生对班级的责任感。

3. 当班干部陷入焦虑与迷茫时，借助挫折提高班干部的自我管理与班级管理能力。在班主任的耐心引导下，给班干部一定的时间去思考去改变。面对教师如春风般的真诚教诲，在班干部多方面的配合和努力下，学生的成长自会有目共睹。

人人有事做，事事有人做

班级事务管理是一项复杂而重要的任务，对于班主任来说，除了承担教学任务，更重要的是能够有序高效地处理班级事务。然而，班级事务的管理不应该仅仅依赖于班主任，每一位学生都应该是管理的主体。对班级事务的参与感有助于培养学生的责任感和集体荣誉感，提升学生在集体中的归属感和价值感，对营造团结、和谐、积极向上的班风也大有助益。

人人有事做，事事有人做。这是最理想的班级管理状态。为了达成这一目标，我进行了一系列尝试。

一、设置岗位

以一个42人的班级为例，我进行了如下岗位设置，并明确了各个岗位的人数及职责分工，见表1。

表1　班级岗位设置及职责分工表

岗位类别	岗位名称	岗位人数	主要职责
班委	班长	男1女1	组织班级活动，全面协助教师管理班级
	学习委员	1	学习上起表率作用，抄写课表，组织学习活动
	生活委员	2	提醒值日，监督值日质量
	纪律委员	1	监督课堂纪律情况，记录课上、课下违纪情况
	宣传委员	2	组织各类文娱活动、板报策划
	体育委员	男1女1	集合整队，协助教师上好体育课，组织运动会

续表

岗位类别	岗位名称	岗位人数	主要职责
科代表	语文科代表	2	各科作业收发、统计 课前帮教师拿上课用具及资料等 协助教师统计出勤、登记分数 协助科任教师与班主任之间的沟通事务
	数学科代表	2	
	英语科代表	2	
	历史科代表	2	
	地理科代表	2	
	生物科代表	2	
	道法科代表	2	
	音乐科代表	1	
	美术科代表	1	
	信息科代表	1	
	心理科代表	1	
事务管理	财产管理员	1	领取班级用品，对损坏桌椅、储物柜等进行报修
	电教管理员	1	开关教室电脑，协助教师进行电脑操作
	图书管理员	1	整理班级图书，负责图书借阅、归还，并做好记录
	食堂检查	1	监督午餐秩序，检查餐桌卫生、餐凳归位情况
	仪表检查	1	日常检查发型、饰物、校服、红领巾
	两操检查	1	检查记录课间操、眼保健操的出勤及完成情况
	物品收发	1	收发通知、回执、奖品、物品等
	绿植养护	1	养护教室中的绿植，定期浇水、清除枯叶等
	板报组	6	根据学校要求布置板报

设置岗位时我遵循了以下原则。

1. 岗位设置要多样

岗位的类别除了常见的班委外，其他都是可以自由设定的。设定时岗位的数量要足够，这样才能让所有的学生都参与其中。所以班主任有一项重要的准备工作，即对班级的各种事务管理工作提前进行解构、归纳，从而形成一整套岗位系统。

2. 每个岗位的职责要清晰明了

每个岗位都应该有具体的、详尽的负责事项，不要有交叉、模糊地带。因为初中生的心智还不是很成熟，逻辑性还较差，所以事务管理岗位多数都是以事设岗、一事一岗，以确保职责明晰。

3. 班委、科代表与其他班级事务管理人员要一起选任

要让学生形成一种观念：班委不是官，而是跟其他事务管理人员一样，都是为班级服务的一分子，大家只有职能分工、责任设定上的不同，没有重要性或者地位上的差异，强化大家的平等意识、服务意识、责任意识。

4. 岗位人数要根据班情及各职务的任务量来灵活分配

如科代表的人数，课时多的考试类科目，一个科代表就有可能忙不过来，每科至少需要 2 名科代表。再如板报组的人数，也是根据教室内板报的数量和面积，预估任务量之后设置的。如果人数过少，完成起来就有可能速度慢，质量不高；如果人数过多，就会人浮于事，互相推诿。

二、实施流程

岗位选任是班级建设的第一件大事，切不可匆忙和草率。一定要有仪式感，组织得正式、庄重、公平、公开，让学生充分感受到老师对每一位同学的尊重。所以我并没有一开学就着急实施，而是选在开学第三周来做，前两周的临时班级事务管理人员均为学生自荐或临时指定。开学两周之后，学生对新集体的陌生感逐渐消除，师生之间、生生之间也有了初步的了解，而且通过一段时间的等待，可以放大学生的期待值，提高学生的参与热情。

充分尊重学生的意见和主观意愿，是我在岗位选任时贯穿始终的原则。在班会课上，我公示了岗位设置的初稿，让学生分组讨论提出不合理和不明确的地方，并加以修改和补充。然后我根据定稿做了一个报名小程

序，让学生当晚回家后线上报名。这一环节，我没有做任何额外的干涉，完全由学生自主选择。每个学生可以报三个岗位，分别为第一、第二、第三意愿。报名表见表 2。

表 2　岗位报名表(按学号导出)

学号+姓名	第一意愿	第二意愿	第三意愿
01 安××	宣传委员(2 人)	美术科代表	板报组(6 人)
02 陈××	生活委员(2 人)	图书管理员	两操检查
03 陈××	食堂检查	心理科代表	图书管理员
04 李××			
05 窦××	美术科代表	板报组(6 人)	音乐科代表
06 付××	音乐科代表	美术科代表	宣传委员(2 人)
07 傅××	班长(男 1 女 1)	心理科代表	生物科代表(2 人)
08 高××	生活委员(2 人)	食堂检查	板报组(6 人)
09 靳××	美术科代表	板报组(6 人)	图书管理员
10 康××	板报组(6 人)	宣传委员(2 人)	绿植养护
……	……	……	……

为了便于按岗选人，我对数据进行了重整。筛选出每个岗位的报名人，并用序号标出这是他的第几意愿。整理结果见表 3。

表 3　岗位报名表(按岗位整理)

岗位名称	报名学生
班长(男 1 女 1)	07 傅××①、21 柏××②、28 金××②
学习委员	17 魏××①、22 鲍××②、28 金××③
生活委员(2 人)	02 陈××①、08 高××①、11 李××②、12 苗××①、25 范××②、26 何××①
纪律委员	21 柏××③、22 鲍××③、25 范××①
宣传委员(2 人)	01 安××①、06 付××③、10 康××②、15 孙××②、25 范××③
……	……

综合分析两张表格，可以归纳出以下六种情形：

- 报名情况分类
  - 根据报名人员分
    - 单人报多个岗位
    - 单人报一个岗位
    - 单人未报岗位
  - 根据报名岗位分
    - 一个岗位多人报
    - 一个岗位单人报
    - 一个岗位无人报

针对这六种情形，我确定了如下的调控原则：

1. 优先考虑所有学生的第一意愿。

2. 一个岗位如果只有一个学生报，且该岗位是他的第一意愿，那该学生直接被任命。

3. 一个岗位如果只有一个学生报，但这并不是他的第一意愿，那征求个人意愿后，再决定是否由该学生任职。

4. 如果一个学生三个意愿报的都是同一岗位，且该岗位都不是其他人的第一意愿，那么优先选择该学生任职本岗位。

5. 如果一个岗位的报名人数超过所需人数，且通过协商仍无法确定，则公开竞选。

6. 如果一个岗位无人报名，则针对这个岗位进行第二轮申报，或从其他岗位调配。

7. 对于没有参与报名的学生，私下了解原因，并为其选岗提供建议和帮助。

根据上述原则，大多岗位已经可以确定人选。对于报名人数多，且通过协商仍无法抉择的个别岗位，我在班里组织了一个小型“竞选”，让报名学生分别阐述自己对这一岗位的认知理解及自己的任职优势，然后由全班学生投票确定最终人选。这样的岗位任命方式，充分尊重了学生的个人意愿及集体民主意见，初步达到了“人人有事做，事事有人做”的目标。

三、动态调整

岗位分工确定之后，并不是一成不变的。随着师生之间、生生之间了解的不断加深，以及班级各方面工作的进行情况，及时做出动态的评价和调整也很有必要。我的做法是：日常监督＋半学期测评＋新学期改选。

日常监督的主体是全班同学和本班所有科任教师。各个岗位的履职情况，同学、老师都会看在眼里，随时会向班主任提供正面或负面的反馈。班主任要做的，就是及时表扬、鼓励，或批评、鞭策。更多的是提供帮助。为了保护学生的积极性和自尊心，我一般不会轻易做出罢免决定，调换岗位也会比较慎重。

半学期测评则以满意度问卷的方式进行。每半个学期，由全体同学和老师对各岗位任职人员进行满意度评价，优秀的予以奖励，合格的继续任用。满意度低的，具体问题具体分析，采取相应措施。

新学期改选是指在新学期伊始，再给所有同学一次重新选择的机会。依然愿意担任旧职的，可以不参加报名。有换岗意愿的同学进行申报，班主任根据需要协商调配或组织竞选，进而确定新一轮的岗位任职。

当然，最理想的情况是每个岗位任命的都是最合适的人选。大家各司其职，各得其所，班级工作井井有条、蒸蒸日上。但事实上很难做到，履职不到位的情况总会存在，一般分为以下几类。

1. 缺少经验，说话或处事方式欠妥，在履职过程中跟同学发生冲突。

2. 责任感不强，遇事喜欢推诿，习惯将难题转嫁给其他同学或者老师。

3. 缺少主动性，挂着空职不作为。

4. 能力不足，无法理解或者胜任岗位职责。

5. 自由散漫，不能以身作则。

对于第一种情况，我首先肯定他负责任的态度，然后就事论事，指出他做法中欠妥的地方，并帮他分析问题，提供改进策略。至于第二种和第三种情况，本质上都是思想认识不到位，我会做他的思想工作，并对他提出具体可行的高标准、严要求。第四种和第五种，则是能力或行为习惯存在不足，我会为他树立一个身边的榜样，并加以长期的督促和培养。总的来说，遵循一诫勉(鼓励)、二督促、三调换的原则来处理。既要以鼓励、教育为主，也要张弛有度，不迁就、不纵容，一切以促进学生成长为宗旨。

四、经验总结

1. 大道至简，班级事务虽然千头万绪，但如果责任到人，责任到事，其实也未必令人焦头烂额。

2. 在班级管理中奉行“先民主后集中”原则，让学生真正感受到被尊重，更有利于充分发挥学生的主观能动性，创建团结、和谐、向上的集体。

3. 将班级常规管理落实为制度和细则，是行之有效的保障措施。但制度切忌“拿来主义”，一定要符合班情。

4. 班主任要“目中有人”，一切以“树人”为出发点的、人性化的、有人情味的教育，就是好的教育。

人人有事做，唤醒了学生的责任感，强化参与度，让集体的力量更强大；事事有人做，让各项事务有序开展，不至于顾此失彼。二者相辅相成，才能有效地促进学生成长，创建和谐集体。

放手，去飞

——如何激发班干部潜能

以我学生时代的亲身经历来看，我的班主任大致分为三类：一类是事必躬亲，主导着班级的方方面面；一类是雷厉风行，快刀斩乱麻式地处理班级内各种事务；一类是和蔼可亲，轻言轻语地对待学生。这三类班主任各有优缺点：第一类班主任工作认真细致，堪称“保姆”式管理，但是一旦班主任外出学习或者培训，班里的同学们就开始不安分，班干部毫无主见，导致班级不能正常运行；第二类班主任有时会被班里男生称为“灭绝师太”，意为过于严厉，跟学生之间的距离感很强；第三类班主任相对来说跟学生距离变近，学生爱跟班主任分享，但是遇到问题时，会有情绪化和“不服管”的状态。

我作为班主任时，总想着结合这几类班主任的优点，但是发现做着做着就变成了“保姆”式的班主任。担心学生这个不会，那个不会，总想着自己能干的就不用学生去做，毕竟可能时间花费了，效果也不好。这样的后果是，作为班主任非常累。所以我在学习之后，选择了对部分事情进行“放手”。

一、“放手”的前提：得力的小助手

“放手”不是全然不管，都交给学生处理。学生只是十二三岁的少年，能有一定的自律能力就很好了，他们的思维能力、组织能力和管理能力还存在一些薄弱的地方，需要班主任进行统领性的规划。班主任和学生都是班集体的一分子，班主任作为幕后的参谋和指挥，要把握大方向，那么班

级的某些细致管理就需要学生们的参与。有些学生有着共性的优点：比如说工作认真负责，班主任交代的任务能够认真执行；再比如说对待工作积极主动，愿意为班集体服务；还有就是头脑灵活，做事机灵，不用班主任事事交代，对于某些事情可以自己灵活考虑。这些学生就可以作为班干部的候选人。班主任也需要在学生迷茫时及时给予指导，提供有力的后续保障和智力支持。有的学生负责的内容对于另一些学生来说不利于自己偷懒，有时就会对负责的学生略有微词，这时候班主任一定要站在负责的学生身后，大力支持，这样负责的学生才能更有信心，增加威慑力，其他学生也能够更加服管。

能够很好承担起班干部职责的学生在开学初就能预见到，开学初，对于班干部竞选，女生积极踊跃，表现也较为优异，所以两位班长均是女生。两位班长均能很好地完成教师们布置的任务，我也经常给她们加油打气，在全班面前表扬她们，树立威信。培养好班干部后，很快就到了考验的时候。

基于此，班级自主管理的第一步是由班主任牵头，学生可自我推荐也可投票选举或者由班主任任命，选出暂时的班干部和小组长，在班级开始的一个月内仔细观察，再进行二次选举。

二、“放手”后的第一个考验：高考监考，学生线上自主管理

有一年学校承担了高考监考的工作，我被外派到其他学校进行监考，学生在高考期间利用腾讯会议正常线上上课。但是高考监考期间，监考员不能使用手机，无法对班级的线上情况进行了解。基于此，我对班级管理进行了一些调整。

第一，对线上期间腾讯会议的管理员进行调整。原本的管理员是班级的班长，学习成绩优异、听话，但是由于班主任不在，出现问题时不能及时地进行管理。线上学习期间，有学生课间利用腾讯会议的视频共享和公

共聊天区等功能，发表不适当的言论，班长并不能及时进行制止。所以在高考线上期间，换上了学习委员，同样学习优异，并且深受同学们信服，同时更加富有责任感。每天的考试结束后，我查看手机信息时，都能发现学习委员在群里督促小组长查考勤，并且在群内提醒未及时到会议室的学生。

第二，学习小组细化到人，确定负责任的同学做小组长，并且额外落实副组长。每次大考后，都会调整小组成员，选出组长。各小组组长都是精心选出来、品学兼优的学生。高考线上学习期间，为了减轻小组长的负担，又额外设置了副组长，负责在本组群里提醒同学进入会议室。这样小组内先进行提醒，再由学习委员对未到的学生进行提醒，双重保障学生按时上课。就这样，班主任在高考线上学习期间的“放手”有双重保障，保障着同学们按时进入会议室，及时跟上内容，产生了良好的效果。

线上学习是一种特殊的学习方式，学生远离学校，远离教师，自主性更高，这时候需要及时调动学生的积极性，由学生管理学生，班主任一对几十是顾不过来的。线上学习期间考勤是最密集的，学生落实到各小组，由一对几十拆分为一对六或一对七，这样小组长查人十分方便，教师考勤时也能找到对应的负责人。

三、“放手”后的第二个考验：班级卫生，责任到人，班干部监督

班级内的卫生是个大难题，人多了就有人浑水摸鱼，人少了又不够用。开始时实行的按小组进行值日，一个小组 6—7 人，对于完成当天的值日非常有效，一段时间后，大多数学生能够按时完成自己的任务。但是一个学期后，部分同学开始浑水摸鱼，偷溜值日或者没做好就走了。所以后续实行值日三人小组制，值日的主要任务是擦黑板、扫地、拖地、擦窗台、摆桌椅等任务。三人自由结组，自己选组长，自己定任务，每次做值日由前一个小组长提醒下一个小组长，组长通知组员，卫生委员监督值日

情况。

这样在班级值日时每个任务落实到个人，在班级中找人非常方便，三人名字的单字写在黑板上，默认第一个字是擦黑板的学生，第二个字是扫地的学生，第三个字是拖地的学生，这样就算班主任不在，卫生委员和其他学生也能提醒相关人员做卫生。班级卫生责任到人，效率提高了，浑水摸鱼的情况也少了，班级卫生情况大大改善。

四、经验总结："放手"的体会

经过一段时间的"放手"，也经过一段时间的磨合和调整，我对如何进行"放手"有了更好的思考。

1. 班主任的"放手"不是全然不管，而是在有前提、有基础的时候进行"放手"。"放手"的前提就是有行之有效、大家信服的班级规则。班规在班级管理中起着至关重要的作用。开学初，学校给每位学生发了学生守则的小册子，新生教育时，我带着学生大致浏览了一遍学生守则，而后按照小组给每位学生发了大白纸和马克笔，各小组结合学生守则制定班规，最后班级分享。分享时，大家统一意见的班规留下，有问题的继续修改，最后得到了班规的初稿，并在后续实行过程中继续完善。这样学生共同努力制定了班规，并且学生对自己制定的班规会更加珍惜和自觉遵守。

2."放手"的基础是有一群认真负责的学生团队。班级内实行小组合作制，除了班委外，还培养了六位小组长，这六位小组长也大多在班内担任班干部职位，所以形成了班主任—两位班长—六位小组长的组合。这八位同学均品学兼优，所以同学们对于班干部的认可度也非常高。当然，也有班干部搞不定的学生，所以这时候由班主任出面，先在班干部这里了解相关情况，然后与个别学生进行谈话，针对学生的问题提出解决措施，让学生慢慢地、一步一步地进行改变，而且适时安抚班干部，在学生和家长面前经常肯定班干部们的付出，让班干部们心里有被肯定的兴奋感和荣誉感。

3.“放手”后要基于班级情况，实时调整，这样班级才会越来越好带，凝聚力才会越来越强。在管理时会出现包庇或者放松的情况，对于出现疏忽的学生进行提醒，教师私下里跟学生做好沟通，说清哪里欠缺，让学生自己说如何改，后续班主任再帮助学生完善改变的措施。如果学生还是不改，只能是进行人员调整，让更有能力的学生参与。

运筹帷幄的班会课，独当一面的班干部

——如何为班干部搭建平台

俗话说：千军易得，一将难求。这句话将班干部在班级中的组织领导作用体现得可谓淋漓尽致。班干部是班主任的得力助手，是协助班主任进行班级管理的左膀右臂，一个班级中班干部的组织领导作用发挥得如何，往往会直接影响到班级的凝聚力、班级的学习氛围等。实践出真知，活动长才干。班干部的组织能力、领导才能只有在各种各样的活动中才能得到培养、提高和发挥。因此，我一直在探索如何有效地为班干部搭建平台，为班干部参与"班级管理工作"创设更多的机会。经过上一学年的摸索与实践，初见成效，现将自己的探索过程与思考感悟总结如下。

一、班委讨论并制定班级公约——发挥班干部的沟通桥梁作用

班干部是班主任和学生之间的桥梁。班主任对学生的了解有时并不如学生之间了解得仔细、全面、深入、及时。这时，班干部就要及时发挥自己的桥梁作用，客观公正地在班主任和学生之间传达班级信息。

2022 年 9 月，我和 39 位学生组建了新的高一班集体。班里男生人数超一半，基本比较活泼外向，另外每位学生都习惯了自己之前的舒适圈，因此前两周就暴露出了一些问题，比如课上时常有学生纪律不好，影响到课堂秩序；课后有学生不认真完成作业，敷衍了事。这时就急需一份有规矩又不失人情味的班级公约来保障昂扬向上、团结奋进的班级氛围了。但考虑到高中生已经有了强烈的自我意识，如果由我生硬地提出班级公约并要求学生们必须遵守，那么效果很可能适得其反，最后引发学生们的排

斥、抵触情绪，所以我并没有贸然行动。思考过后，我决定让班干部们一起讨论并制定班级公约。

在第一次班干部会议上，几位班委提出了最近班级里出现的一些问题。我建议他们考虑组织全班学生，形成一份大家都认可的班级公约来约束每位学生的行为。这个建议得到了班委的集体支持。接着，我将班委分为五组，每组分别从纪律、文明礼貌、卫生、学习、请假五个方面征求学生意见，最后形成书面版的公约内容上交班长汇总。

班委与同学们沟通、讨论形成班级公约就是一次班干部参与班级管理工作的机会，这个过程锻炼了班干部与同学沟通协作、解决问题的能力。同时，由于是班委组织下大家一起形成的班级公约，学生们也都十分认可并乐于遵守，因此，班干部这时发挥了班主任和学生们沟通桥梁的作用。

二、班长组织召开第一次正式班会——发挥班干部的组织领导作用

班主任既不是便衣警察，也不是保姆和护士，对于班级的日常管理，不太可能做到事无巨细、面面俱到。所以，班主任要充分相信班干部的领导潜力、组织才能，班主任要敢于放手，为充分发挥班干部的组织作用、领导才能创造空间。新班级召开第一次正式班会，学生往往情绪高涨、劲头十足。班主任应该利用好第一次班会的契机，充分发挥班干部的组织领导作用。

班委讨论并制定的班级公约成效显著，学生都在约束自己的行为，班风逐渐好转，我便想趁热打铁。我找来两位班长，提出引进班级积分制度的想法，激励大家互相比拼，争取进步，得到了两位班长的支持。任务分配环节，我让班长小 K 负责逐条梳理班级公约中的重点并整理到 PPT 中，班长小 Z 负责与学生沟通形成具体的班级积分制度并整理成书面版在 PPT 中呈现。

经过两周的准备，第一次班会顺利召开。班会全程由两位班长主持负责，内容包括：班级公约中重点内容介绍、班级积分制度介绍、答疑解问、班级誓词诵读。会上，两位班长一边介绍一边解答了同学们的疑问，并在最后领读了班级誓词，这不仅是班干部施展才华的一次机会，在筹备这次班会的过程也锻炼了两位班长的组织协调能力。

三、积分擂主召开班委竞选主题班会——树立班干部的榜样模范作用

榜样的力量是无穷的。因此，班干部只有从自身做起，从一点一滴、一言一行做起，做好表率，充当模范，树立榜样，做到“言必信，行必果”，才能真正起到班干部应有的作用，在班级管理中，才能让学生们心服口服、心悦诚服。

从九月中旬到十月中旬，经过一个月的相处，学生逐渐了解熟悉。到十月中旬时，共召开了四次班级积分总结会，学生对自己身边的榜样们也有了更深的认识。大家对在班级积分总结会上被频繁表彰的学生不仅充满了钦佩之情，心里想向他们看齐，更是由衷地认可他们是班级的“领头羊”，这时就是组织竞选正式班委的最好时机。

这次我提前联系了四次积分总结中连续三次夺得第一名的擂主小 L 同学，征寻她的意见并由她来主持。我提前和小 L 明确了班委竞选主题班会需要提前做的准备工作：明确班干部岗位及各岗位职责，通知参加竞选学生发表竞选演讲，制作学生投票选票，制作班干部聘书。小 L 同学用了一周时间提前上网查阅、确认了每位班干部的具体职责，通知并提醒每位竞选学生准备了演讲稿，并在同学帮助下顺利制作了选票和班干部聘书。班会当天，经过学生一致认可选出的班干部正是平时各方面都表现非常优秀，并且多次积分靠前、担任组长的那些榜样学生，小 L 同学当选为班级团支书。拿到聘书的班干部们心里是既开心又有压力的，一方面，他们克

己慎独，得到了同学们的认可，他们为自己骄傲；另一方面，手里的聘书也是沉甸甸的责任。

这次班会让班干部们更清楚地认识到，喊破嗓子，不如做出样子。班干部与同学们朝夕相处，一言一行均为同学们所关注，因此班干部就是同学们的一面镜子，时时照见同学，时时纠正同学。

四、经验总结

以上就是我对于如何为班干部搭建平台，在班级中为班干部参与班级管理工作创设更多机会的一些探索。实践下来，我的感悟是班主任一定要重视班会课，利用好班会课的平台，多为班干部创造参与班级管理的机会。

虽然每周只有一节班会课，但我上面提到的班级活动都是在每周的班会课时间完成的，并且最终都达到了出乎意料的好效果。每次班会前，负责的班干部都需要提前准备班会的内容与老师、同学们沟通协调，主持班会的班干部还需要克服自己的紧张情绪，他们甘于奉献、严于律己、争当榜样，发挥自己的影响力，为其他同学的行为做示范，他们是班会课上最亮丽的风景线。在一次次的班会活动中，班干部不仅能力得到了锻炼，同时他们还发挥了自己的多重作用：沟通桥梁、组织领导、榜样模范等。所以班会课就是让班干部参与班级管理的天然平台。

强有力的班干部队伍是班级的核心竞争力，培养优秀的班干部一定是建设有序班集体的前提。作为班主任，在班级生活中，更要利用好班会课，多创造机会、巧妙搭建平台，培养班干部的才干，让班干部们时时、事事参与到班级管理中，建设积极向上的班集体。

第三篇

启喻无声，德耕有痕

——主题班会的唤醒艺术

君子之教，喻也。

——《礼记·学记》

此言揭示了教育之真谛，在于启发引导，如明灯照亮心灵。主题班会既是落实学校主题教育、实现德育润心的重要方式，也是班主任解决班级问题的重要抓手和平台。通过主题班会，不仅可以引领学生的思想状态，同时还可以进一步贯彻班主任的教育理念，以班会为平台，让学生做班级的主人，展现班主任与学生之间的良性互动。主题班会是紧贴学生心智发展规律的创新范式，采用“4E”进行梳理。

Enrichment 对应“知”(认知升级)：方法突破·融合育人。

Emotion 对应“情”(情感共鸣)：价值锚定·家国情怀。

Enablement 对应“意”(意志锤炼)：能力进阶·成长阶梯。

Engagement 对应“行”(实践养成)：场域支撑·生态协同。

翻开这些班会案例，你会发现，主题班会不再局限于事务性工作的布置，而是成为激活学生生命自觉、培养学生核心素养的德育主战场。每个案例背后是教育者对“知情意行”德育框架的生动实践：从认知唤醒到情感共鸣，从行为引导到习惯养成，每一步都踩在学生的真实需求上。教育的智慧，不仅在高深的理论中，更在这些师生共同书写的主题班会里。

青春——勇猛精进，未来可期

一、班会背景

不少高一新生和家长由于对新学段的学习及生活缺乏认识或认识不足，不能根据高中生生活的新特点做出相应调整，因而不能制定针对高中生活特点的学习方法和策略，以至于出现这样那样的问题而影响了高中学习质量。

高一新生从初中阶段步入高中阶段后，部分学生从激烈的中考过关斩将后踏入目前的高中学校，学习意识及思想上有些松懈，学习积极性与主动性明显降低；也有部分学生，缺乏明确的目标，自我定位不足，缺乏动力，从而出现成绩“断层”现象。

为了帮助高一新生快速平稳度过“过渡期”，以一种积极向上的精神面貌领跑自己的高中时代，我们在班内举行了一次“勇猛精进，未来可期”主题班会。

二、班会目标

1. 认知目标：帮助学生了解高中生活的特点，使学生意识到初高中生活的区别与联系。

2. 情感目标：引导学生向榜样学习，激发学生学习的积极性与主动性。

3. 行动目标：让学生掌握高中生活的方法及特点，并应用到今后的学习及生活中，做到知行合一，并进一步做到行而不辍。

三、班会准备

1. 为校领导参会及讲话准备鲜花。

2. 让班内成绩突出、学习习惯优良的学生做班会分享，让这几位学生课下准备好短视频等相关内容。

3. 班内同学找书法家书写一份“勇猛精进，未来可期”的字卷并赠予班级。

4. 全体同学每人设计一份“目标之树”，班会时进行分享。

5. 将教室内黑板进行装饰。

6. 教师按照“知情意行”的德育环节设计班会并制作 PPT。

7. 全体学生共同设计一份“寻找优势”卡片。

四、活动方式

师生互动、生生互动。

五、班会过程

首先引入主题，让大家思考青春是什么。学生思考后，请大家一起欣赏一段有关青春的视频。相信大家看完视频后，会对青春有更深刻的理解与认识。青春是一钩弯月，虽不圆满，但同样有着皎洁的光芒；青春是一艘小船，虽不庞大，但能经受风浪的洗礼；青春是含苞欲放的花蕊，虽不妖艳，但能焕发出阵阵生机。激励大家要把握青春，努力拼搏！

1. 回顾过往，戒骄戒躁

播放 PPT 回顾过往，让大家戒骄戒躁，青春的阶梯上大家留下了足迹，让学生共同回味升入高一后点点滴滴的记忆，大家在运动会上展风采，在学期成绩、日常生活、升旗、跑操、午休等活动中创佳绩，全部得到了学校老师们的一致认可。但是大家也有一些有待改进的地方，比如作业上交的整齐程度，作业改错的认真程度等，让大家意识到这个学期大家仍须戒骄戒躁，不忘初心、砥砺前行！在温馨的回忆中激励学生勇攀高峰，再创佳绩。

2. 认识自我，悦纳自我

每个人都有自己的优势或特点，大多数同学对自己的优势或特点认识不足，从而盲目地跟从与效仿，结果画虎不成反类犬，彻底迷失了自我。在我看来班内同学各有所长，让学生为自己找优势，为同桌找优势，为班级找优势，让大家把自己、同桌、班级的优势分别写在“寻找优势”卡片上。在这种大环境中，每一位同学都有光荣感、使命感，既增强了集体荣誉感，个人也能获得发展，从而克服高一学生在自我认识上的自卑感，并增加同学之间交流与互动的机会，为学生搭建平台，克服高一同学在人际交往中的腼腆、胆小等问题。

3. 始于志向，长于学习

青春应该怎样度过呢？有的如同烈火，永远照耀别人。有的却像萤光，甚至无法照亮自己！不同的人生理想，不同的生活态度，决定一个人所站的高度。始于志向，长于学习！青春因努力播种而精彩，因快乐收获而感叹，大家课下已经绘制了自己的目标之树，请各组代表上台分享自己的“目标之树”。

“目标之树”包含学期目标、三年目标、人生目标三个阶段目标。在这里学生向大家展示目标的同时也向大家诉说了自己的困惑，然后小组共同商议本组同学的困惑并给组内成员的困惑找到对应的解决方案。运用共生效应，让学生互帮互助，发挥每个学生的聪明才智，帮助大家增强责任感和自信心，同时每个学生也都间接地帮助同学实现其人生目标，增强学生的价值感。

有句话说得好：“心若有所向往，何惧道阻且长！”阳光下，希望学生们永远朝着梦想的方向奔跑！

4. 知行合一，行而不辍

有了努力的方向还远远不够，它需要大家去努力，去奋斗！要将实践和认知相统一，在统一的过程当中，首先要求学生要重温守则，让规矩内化于心。其次，要求学生养成良好的学习习惯。最后，还要要求学生重视学习方法。初中生由于受生理上的好动与心理上的不成熟等因素的影响，他们在学习上主动者居少，而被动者甚众。初中老师针对这一阶段学生的特定情况不得不采取严督勤管的手段。于是长期以来，初中学生大多形成了一种被老师牵着走的被动学习模式。但是，在高一期中考试或第一学期结束时，就有不少初中时成绩优异的学生，突然成绩下滑严重反而成了后进生，只有那些在初中就养成了良好、规范的学习习惯的学生，才能在高中时依然保持过人的优势，各科成绩名列前茅。由此可见，高中学生需要科学的学习习惯、学习理念、学习方法。让班内成绩优异、学习习惯优良的学生做班会分享，发挥榜样带头作用，同时在科学认知前提下，付诸实践，要求学生做到持之以恒，做到行而不辍。在高中生活中，学生既要有良好的心态，还要保持好学习的常态，只有将两者有效地结合，才会拥有高中生涯满意的答卷。

5. 调控情绪，心境乐观

做最好的自己，这是人人都拥有的愿望，但很多人难以将其变为现实。原因固然复杂，而不能控制自己的情绪情感，则是不可忽视的主要原因。初中阶段，学生情绪不稳定，易激动、冲动乃至失控，常常出现小打小闹等现象，情绪让一些学生不能理性对待自己，对待他人。班会上以小组为单位，探讨如何调控情绪，虽然学生提出的方法不全面，但都是他们自己个人实践、个人思考的结晶，凝聚着个人的智慧，是值得借鉴的可贵经验。最后，班主任用 PPT 展示调控情绪的合理、全面、有序的方法，情绪和情感的力量是巨大的，它既可以成就自己，也可以损毁自己，关键是要学会调控。

6. 勇猛精进，未来可期

军训会演历练了身姿，严明了纪律；校运会展现了风采，凝聚了力量；活动实践拓宽了视野，丰富了阅历。43 名同学相互关心，相互学习，团结奋进，成绩不断提高，形成了一个坚强的集体。假日里，班内同学帮大家争取到了“勇猛精进，未来可期”这幅书法作品，其中“勇猛精进”这四个字恰如其分地明确了大家今后的学习态度，首先是“勇猛”，狭路相逢勇者胜，无论遇到什么挫折，大家都要以勇猛的姿态去面对，才能克服一切困难。然后是“精”，做任何事情都要精心准备，精益求精，最后才能精彩收尾，完美收官。最后是“进”，就是要积极进取，不断进步，高中学业繁重，学习犹如逆水行舟，不进则退，大家要追求学习的进步以及综合素质的提升。希望大家在今后的生活中，敢于拼搏，力争上游，乘风破浪，扬帆起航！

六、班会效果

本次班会重在结合学生步入高一后一段时间的在校表现，帮助学生合理地分析“过渡期”存在的问题，并通过主题班会协助学生建立高中阶段正确的自我认知，加强人际交往，合理调控情绪，规划科学的奋斗目标，养成良好的学习习惯，进而知行合一，奋力拼搏，解决“过渡期”存在的迷茫、消极、恐惧等问题。

1. 通过大家的“寻找优势”卡片，成立了各种兴趣小组，“成功的秘诀在于兴趣”。抓住大家的兴趣点，点燃学生的热情，让他们为此付出努力，不断走向成功。

2. 通过大家的“目标之树”，跟每位学生家长进行沟通与交流，让家长了解孩子的学期目标、三年目标、人生目标，加强家校共育，促进学生发展。

3. 跟班内有心理问题的学生进行更深入的交流与沟通，进一步了解他们的需求及目前最大的心理障碍是什么，以便更高效地进行班级工作的总结、反思与提升。

七、经验总结

班会活动是班级日常性的活动，班会形式灵活，其主要考虑两个因素：一是班会内容与主题的匹配度，二是班会形式的创新性与吸引力。总体看来，本次班会活动内容及形式比较丰富，对学生有较强的吸引力，且具有一定的可行性。

1. 会前，先对学生所处阶段的现实情况进行具体分析，寻找学生此刻的迫切需求，然后针对学生需求设计一次主题班会，帮助学生认识自我，悦纳自我，超越自我。通过本次班会的开展，学生对如何在“过渡期”找到适合自己的过渡方式及方法，对自己高中人生的设想有了更清晰的认识。

2. 会中，让班级的每位学生都参与进来，遵循以人为本的教育观，学生是发展的人，学生在班会过程中的参与，可以增强学生的自信心、责任心，同时学生也会得到相应的发展。此次班会主要内容涉及人生观、价值观，意在引导学生树立积极向上的人生观、价值观，规划科学的奋斗目标，勇猛精进。从班会过程看，体现了疏导性原则，通过互相衔接的几个环节，引导学生在不同形式的活动中，循序渐进地体验情感，获得发展。

3. 会后，观察学生变化较为明显的地方，例如自我认识、与人交往、情绪调控、目标规划、习惯养成等，记录好每个学生相应的变化，以便后期教育教学工作有的放矢，达到更高效的班会效果。

梦想——相信梦想的力量

一、班会背景

习近平总书记在十九大报告中指出："青年兴则国家兴，青年强则国家强。青年一代有理想、有本领、有担当，国家就有前途，民族就有希望。"为培养学生为梦想努力奋斗的思想素质，2023 年 1 月 5 日下午，初一(6)班开展了一次"相信梦想的力量"的主题班会，引领学生新的启航。

二、班会目标

1. 本次班会首先是启发学生思考梦想是什么，什么样的梦想是值得的。

2. 见证梦想的力量，通过举例启发学生实现梦想需要坚持不懈的努力。

三、班会准备

1. 设施准备：班干部调试教室的多媒体设备，保证能正常使用。

2. 资源储备：班主任搜集、整合与梦想相关的视频、文本，形成初步的班会环节预设。

四、活动方式

多维对话，学生填写任务单并分享，家长发表感言等。

五、班会过程

1. 看看多样的梦想(探寻梦想是什么)

师：歌曲《北京欢迎你》里有句歌词，“有梦想谁都了不起，有勇气就会有奇迹”，你还记得自己的梦想吗？为了梦想，你付出了多少努力？未来的追梦之路，我们该如何规划？有时候，我们停下匆匆的脚步，认真回顾一下自己的梦想，会更清楚努力的方向。

那么，在同学们的眼中，梦想是什么？什么样的梦想是值得坚持的？请看视频《追求梦想，正当其时》。

(教师播放视频，学生欣赏视频，学生边看边思考)

师：看完视频，相信同学们也有了一定的思考，哪位同学来回答一下？

生1：“梦想”是我们对于美好事物的一种憧憬和渴望，积极向上的梦想是值得坚持的。

生2：“梦想”是一种目标，一种指引我们努力前进的方向，有追求的梦想是值得坚持的，例如我未来想当一位生物学家，我要为之而努力奋斗。

师：梦想给予我们一个方向，一个目标，它能够使人伟大，人的伟大就在于把梦想作为目标去执着地追求。人民日报社论《把梦想写在更高远的天空》中提到：“放眼征程，实现‘两个100年’的奋斗目标和中华民族伟大复兴的梦想，使命光荣，任重道远。让我们沿着中国道路，弘扬中国精神，凝聚中国力量，不懈探索，奋发图强，把绚丽的梦想写在更高远的天空。”那么，同学们，我们的梦想不仅要结合自身的实际，也要结合国家的梦想、民族的梦想，将个人梦与中国梦相结合，让我们的梦想更加有意义。

2. 见证梦想的力量(探寻梦想的意义/为什么要实现梦想)

师：梦想的力量可以有多大？一起来看看她们的故事。

(教师播放案例并讲解，学生仔细阅读案例并思考)

巩立姣："这一刻我等了二十多年"

2021年8月1日，东京奥运会女子铅球决赛，中国名将巩立姣投出20.58米的个人最佳成绩并成功夺冠。这是巩立姣职业生涯首枚奥运金牌，也是中国田径队在本届奥运会收获的第一枚金牌。赛后，想到自己艰苦训练21载终圆梦的经历，巩立姣泪洒赛场。她哭着说："这一刻我等了二十多年，人一定要有梦想，万一哪天实现了呢，我实现了！"

李月："永不停跳的舞步"

2008北京残奥会缓缓拉开帷幕，在全世界的目光下，11岁的北川女孩李月在轮椅上灵活地舒展自己的舞姿，一段"永不停跳的舞步"让无数人潸然泪下。这位在汶川特大地震中永远失去左腿的女孩坚信：灾难可以摧毁肢体，但摧毁不了生命的意志。只要梦想还在，追求梦想的脚步就永远不会停。

师：通过观看她们的故事，说说探寻梦想的意义是什么？

生3：证明自己很有实力。

生4：让生活更加充实。

师：那些你很早爬起来努力的时光，那些你熬夜刻苦训练的日子，那些你觉得累了、不想继续努力，但仍然咬牙坚持的时光，那才是追寻梦想的意义，那才是梦想的力量，重要的不是结果，是我们坚持努力奋斗的过程。

3. 填写“我的梦想”任务清单(探寻怎样实现梦想之一)

师：为了能够更加明确未来努力前进的方向，请同学们仔细回顾自己的追梦之旅，填写“我的梦想”任务清单(见表1)，不忘初心、奋勇前行!

(学生先独立填写，再进行全班分享)

表1 “我的梦想”任务清单

问题	回复
你目前的梦想是什么?	
你为什么会有这样的梦想?	
为了实现梦想，你做出了哪些努力?	
在未来追梦的过程中，你有怎样的计划?请详细说说你的计划。	

表2 A同学：“我的梦想”任务清单

问题	回复
你目前的梦想是什么?	我的梦想是以后可以成为一个生物研究员，探索自然界中生命的神奇之处。
你为什么会有这样的梦想?	因为我从小就对周围的动植物很感兴趣，上初中后，通过学习了解到需要维持地球生态平衡，增加生物的多样性，我想为保护生态环境出一份力。
为了实现梦想，你做出了哪些努力?	少年有梦，不应止于心动，更应付诸行动。我深知努力是实现梦想与现实之间的桥梁，为了实现我的梦想，我不但在课堂上认真听讲，还充分利用课余时间了解了一些关于生物方面的知识，珍惜时间，努力学习。
在未来追梦的过程中，你有怎样的计划?请详细说说你的计划。	我希望在自己22岁之前，认真学习相关的知识，每学期制订好学习目标和学习计划，积极关注与生物相关的新闻和资料，积极思考，努力钻研，勤学好问，争取在22岁之后可以探索有关生物的领域，将来为国家贡献自己的一份力量。

师：同学们能够从自身实际出发来分享自己完成的“我的梦想”任务清单，非常用心。正好结合咱们的期末考试说一下：考好的同学，恭喜你，星辰大海，新的征途才刚刚开始；没有考好的同学，大家也不要气馁，如果生活将你置于低谷，也一定给你留了上坡的路，不如大家就保持自律，积极用心，可能就会出现转机。只有不放弃，才会发现，成就梦想的正是逆境中的亮剑，失败后的奋起。人生路漫漫，依然看好大家，我们一起加油！

4. 八张便笺，做行动者(探寻怎样实现梦想之二)

(播放《人民日报》的八张便笺，启发学生思考)

师：通过观看“给自己”“给青春”“给成长”“给学习”“给梦想”“给希望”“给经历”“给时间”这八张便笺，谈谈坚持自己的梦想，我们还应该做些什么？

生 5：从今天开始，不沉溺幻想，不庸人自扰，踏实学习，好好生活。

生 6：不畏惧挫折，坚持学习。

生 7：珍惜当下，勤奋学习，努力改掉拖延的坏习惯，认真行动起来。

(播放歌曲《你的答案》的视频，学生观看)

师：你认同视频里这些在平凡生活中创造出伟大的人吗？

生：认同(集体高声地回答)。

师：当别人拥有你想要的精彩，你可以说他外在条件更好或总有好运气，但有时也要低下头看看自己，是否真的为梦想付出了切实的努力。别人已开始，你却还没有迈步。时间不欺人，你把它花在哪里，收获就在哪里。努力，不为追赶，为梦想，为自己。除了你们在为自己的梦想努力之外，老师、家长、学校、国家都在努力，老师们充分利用自己休息的时间为大家答疑解惑；家长为我们做好生活的保障和心理方面的沟通；学校为大家提供了良好的学习环境，并且为培养创新型人才提供了一定的平台；国家实施了科教兴国战略和人才强国战略，为我们实现梦想提供更大的平台和更多的机会。所以，同学们，梦想不是让一个人瞬间伟大，而是让一个人拥有希望和色彩。梦想不一定能成就你的人生，但一定能丰富你的人生，这就是梦想的魅力所在！当你真的用全部的努力和信心，去拥抱梦想和希冀，不畏惧失败和泥泞，所有的美好都会为你而来。同学们，让我们仰望星空、脚踏实地、心怀梦想，迎着风和雨，挥洒青春的汗水，一起向未来出发！

5. 家长感言

家长 1："各位老师、各位同学在这一个学期当中付出了很多努力，咱们只是一个开始，从开始一直到最后的结果是有一段路程的，这段路程需要各位同学、各位老师，包括各位家长共同努力、共同奋斗。希望同学们在新的一年里努力学习，早日实现自己的梦想。"

家长 2："大家算是刚刚步入初中生活，一切都是新生且充满希望的。在这个特殊时期，同学们都在家上了很长一段时间的网课，无论从上课形式，还是上课自觉性上，对大家而言都是一个挑战和考验，家长可能也更近距离、更直观地体会到了老师的不容易。在各科老师的带领下，很多同学在期末考试中都取得了不错的成绩，或者说是进步很大，这也是为当下的小梦想超越了一大步，我们也会凝心聚力，尽量配合好老师和学校，让孩子们掌握好应该掌握的知识，更快、更高、更强地成长。希望孩子们都能在自己的人生道路上建立梦想、相信梦想的力量，用当前这些小小的梦想，成就将来更大的梦想，希望孩子们将来能够学业有成，回馈社会。"

家长 3："孩子们，你们正值青春年少，青春之所以是人生最快乐的时光，是因为它充满着希望，而不是得到了什么或逃避了什么。生活没有目标，就像航海没有指南针。当我们真心在追寻梦想时，每天都是缤纷的，因为每一小时过去，我们都离梦想的实现更近一步，每分每秒都是实现梦想的一部分。加油吧，孩子们！"

六、班会效果

本次班会重在引导学生树立梦想，并且能够明确实现梦想的价值所在，而不是漫无目的地学习。帮助学生明确学习目标，激发学习动力，提升学习的自觉性，使学习更加有方向性和针对性。通过师生互动，完成活动，营造愉悦的氛围，引导学生尽量减少迷茫，自律自强，找到自己奋斗的方向。

班会环节通过“是什么”“为什么”“怎么做”环环相扣，同学们逐渐认识到梦想的重要性，并且意识到应该落实到行动当中，进而有了珍惜时间努力学习的意识。

七、经验总结

1. 明确学习目标：每位同学制订了下次考试的目标及寒假计划，每个小组制订了小组寒假计划。

2. 自主学习：组长提醒组内同学假期交作业，有不明白的问题，同组同学在群里讨论，大家互相帮助，实在不会的向老师请教。

3. 班级实行小组积分制度，每半个月进行一次量化评比活动，由学习委员做好平时表现的记录，并及时做好加减分，认真填写表格，学生们比学赶超，形成了较为良好的学习氛围。

激励——心之所向，素履以往

一、班会背景

“仰之班”学生思维活跃，情感细腻，对自身学习有较高的要求。本次班会是距离高考百天冲刺的关键时刻。一年前我带领本班学生在主题班会上做过生涯规划，畅想过自己的“梦中情校”。而现在，随着高考的时刻日益逼近，有的学生势如破竹，对未来愈发坚定执着，但更多的学生在经历了多轮线上线下学习方式的转换后，在本次恢复线下学习后呈现出前所未有的焦虑、迷茫、浮躁的状态，不能很好地投入学习当中，整个人看上去是迷茫而紧绷的。本次班会尝试唤醒学生对自己目标的记忆，重拾抑或重新调整自己的规划，清晰自身定位，同时感悟集体力量，化解焦虑心理，汲取前行能量。

二、班会目标

1. 通过回忆班级及个人2022年的高光时刻及遗憾场景，理解无论成就还是遗憾皆为成长，调适情绪，化解焦虑；通过表彰成绩优异、取得进步的学生，以及积极参与班级建设的学生，汲取榜样的力量。

2. 通过给一模后的自己写信，展望自己的阶段性小目标，与未来的自己隔空对话，大胆展望，收心反思。

3. 通过小组集体上台“为实现梦想”签字盖手印，增强仪式感，庄重承诺，激励自己与同伴一起前行。

三、班会准备

1. 设备准备：查看电脑兼容性及允许字体种类范围。

2. 资源准备：选定主持人；暖色系 PPT；准备 40 个信封、胶棒、印泥及班级手印墙；准备奖状或小礼品表彰榜样。

四、活动方式

对话式、活动式。

五、班会过程

1. 回首

(1)请同学解释主题含义及寓意。

师：同学们，我们今天班会主题为“心之所向，素履以往”，由我和班长轮流主持。看到这个主题，有哪位同学能解释一下这句话吗？

生 1：这个主题指的是自己心里有想去的地方，就算穿着普通的鞋也要前往。

师：非常棒！我们心里向往的地方，即使穿着草鞋也要前往。这个背后传达的是对目标的热爱和执着追求，彰显的是朴实追梦的一种态度！

(2)回首班级的高光时刻及遗憾画面。

师：回顾我们组成班级的近三年，从当初的萍水相识，到现在我们一同并肩作战，两年来我们一起经历了许多风浪。也正是这些风风雨雨让我们更加团结，给予我们战胜疲劳、克服困难、继续前行的勇气和力量。(展示相应集体活动照片)

从参加第一次运动会，大家集思广益、齐心协力，踊跃贡献，取得开幕式表演的一等奖。再到五月红歌比赛，我们依然团结一心，通过两三次大联排就为全年级献出了我们嘹亮的歌声。那歌声激情澎湃，充满朝气，最重要的是彰显着高度团结的力量。这是合唱的最大意义，也是我们取得佳绩的重要法宝，赛后大家开心的模样记录在了这张照片中。那是成功后自豪的笑脸。后来我们参加了许多团体活动，虽然不能一直保持最棒的名次，但也是这些起起落落让我们懂得：“成长道路上既要接受得了鲜花和掌声，也要勇于面对挫折与不足。”这些挫折与成就现在回首起来，我们可以发现，这些是一个班级成长过程中再正常不过的一些风浪。坦然面对得与失是非常重要的态度。班级是这样，个人也是如此。接下来，请同学们回顾一下，2022 年让你最有成就感的高光时刻以及让你感到最遗憾的一个画面。大家可以先安静回忆，稍后希望大家敞开心扉，踊跃分享！

生 2：我是一开始高一的时候物理成绩比较好，但是到了高二上学期的时候我由于太紧张导致成绩下滑。然后到了高二下学期的时候，我通过自己看一些书，或者做两本题，就把这个学科成绩赶上来了。我感觉靠自己的努力实现了成绩的进步，自己能做成一些事情，这个带给我比较大的成就感。

师：这位同学分享了通过自身努力取得进步带给她的成就感，还有哪位同学想要分享一下吗？

生 3：我的成就感或高光时刻主要是跟班里的集体活动有关。大家心里都清楚咱们一起努力拿了冠军嘛，就很开心。然后我觉得最遗憾的一次就是没有参加校运动会，高中以来参加了两次校运动会，最开始那一次运动会，当时我的状态是高中三年身体素质最好的时候。但是等到第二次的时候，因为各种事情，就没能兼顾到自己锻炼方面的事儿，也特别凑巧，每次临近运动会的时候都有伤，所以第二次运动会我发现我很难超越第一次时自己的成绩了。到后来最近的这一次，我甚至因为受伤都没办法参加。感觉这件事还是挺遗憾的。

师：这位同学分享了未能突破自己以往成绩以及缺席集体生活带给他的一些遗憾，我们可以看到他背后这种积极参与集体活动的精神和意志是非常宝贵的，通过集体生活的确可以涵养我们的品格。还有同学愿意分享吗？

生 4：我觉得成就首先是一个比较绝对化的词，成就相对而言是客观的，我认为更有意义的词语是成长，成长是相对于这个成就而言的。就比如说，博尔特第一年跑九秒八得了冠军，这是成就；第二年他跑了九秒九，得了冠军，这虽然是一个退步，也是成就，但他不属于成长，我们追求的应该是成长。所以我认为只要有成长的就不应该有遗憾。

师：非常好！这位同学站在更高的角度告诉我们过去的成就也好，挫败遗憾也罢，只要能够丰富经验都可以称之为成长！

【设计意图】展示主题，使学生理解主题的内涵；增强学生的理解，为后面的环节做好铺垫。通过回首班级过去一年来的成就与遗憾，引导学生正视输赢，摆正心态，坦然面对得失。

2. 榜样的力量

表彰：期末考试成绩优异奖、期末考试飞跃奖、线上学习标兵、班级活动积极参与奖。

【设计意图】通过榜样力量形成正向激励，强化正能量，在剩余的百天中持续努力，克己慎独。积极参与，不吝付出。

3. 展望

(1)写出个人一模要达成的小目标。

(2)给一模后的自己或家长写封信。

主持人：三毛曾说，“心若没有栖息的地方，到哪里都是四处流浪”。但只要我们心有所归属，就不会忘记我们的来处，不会忘记我们的初心。有一个未来的目标，总能让我们欢欣鼓舞。梦想本身就是一种让你感到坚持就是幸福的东西，甚至可以将其视为一种信仰。有的同学现在有些迷茫，那我们不妨积极应对，展望一下最近的小目标，课前给大家分发了信纸和信封。接下来，请大家在信纸上写出个人一模要达成的小目标。同时给一模后的自己或家长写封信，大家可以敞开心扉，写完可以密封，一模后我们来开启和自己的对话。信封外边写明是给自己或者给家长的一封信。时间15分钟。

【设计意图】制定短期具体目标，发挥目标指引的作用，激励自己明确方向；通过给自己或家长写信，学生可以反思自己的成长，总结心得感悟，形成自我激励，与未来一个月后的自己隔空对话。

4. 共勉

活动：以小组为单位在黑板上依次签字，并按下手印，一起为梦想加油！

主持人：以梦为马，不负韶华，高考是我们成长路上相对公平的一次选拔性考试，也是我们可以通过自己努力提升未来人生高度的重要契机。咱们距离高考还有104天，但实际在校时间可能只有不到80天。大家准备好冲刺了吗?!

生：准备好啦！

主持人：看来通过刚才的小活动，大家已经有了阶段性小目标，会朝着既定方向，精准发力，勇毅前行。接下来，我们继续进入最后一个环节——共勉，请大家以小组为单位上台签名给自己加油打气，同时在这张白纸上按下手印，见证属于我们的仪式感与庄重承诺！

【设计意图】以小组为单位感知组内激励的力量，签字按手印可以增强仪式感，是对自己的庄重许诺，是汲取前行的力量。

主持人结束语："成功的花，人们只惊羡于它绽放时的美丽，然而它当初的芽儿，浸透了奋斗的泪泉，洒遍了牺牲的血雨。"成功的背后，是无言的付出，对于花儿来说，越过冬天，在春天绽放属于自己的明艳便是成功，而在此之前，所有的付出皆值得。哪怕芽儿会受伤，叶会凋落，也无怨无悔。人其实也是如此。因为我们始终相信，在那天寒地冻的前方，一定会有一个春暖花开、阳光普照、万物复苏之地，我们一起加油！

师：非常感谢我们的班长。相信大家有许多的感悟，也汲取了能量。过去、现在、未来的冲刺时光，我们与集体同命运共成长，在最后关头更要持续发力，团结努力，这会是大家成长路上非常珍贵的回忆与财富。生活是自己创造的。我们现在投入的每一分努力都是在为未来生活添砖加瓦。“心之所向，素履以往，生如逆旅，一苇以航。”大家选择了远方，便只管乘风破浪，展翅飞翔，拥抱梦想，每一位老师和家长都会为你们保驾护航！衷心祝愿咱们班所有同学能达成所愿，期待百天后你们胜利的模样！今天的班会到此结束！

六、班会效果

本次班会主题设置契合本班当前实际情况，帮助学生通过主题引领、价值澄清，减轻迷茫，明确方向，在与集体共进退过程中汲取力量。整体取得了超出预期的效果。班会后学生们还自发聚集在黑板签名和按手印的地方要求拍一张班级合照，久久没有离去。还有部分学生主动沟通自己的收获。这次班会安排两位主持人，环节和流程衔接顺畅，时间把握合理，学生从一开始有些羞于表达到后来积极参与，踊跃回答，获得许多有趣又有深度的观点，带动课堂气氛的同时也让班会的主题得以升华。此外，学生写给自己的那封信正是和未来的自己的一场约定，成为无形之中一股激励自己前行的动力，学生的学习状态和心境都有所改善。

七、经验总结

1. 本次主题以目标为导向，旨在激发高三孩子的内驱力，唤醒潜力，激发斗志。选择“心之所向，素履以往”，一方面契合学生现阶段的逐梦状态，找回最初的动力，轻装上阵；另一方面，文艺的标题赋予追梦的过程以美感，符合本班学生的文艺情怀，更能激发共鸣。因此，适切的主题既符合当下情境，又能投学生所好，利于更好地发挥教育引导意义。

2. 环节设置可以以时间线为逻辑顺序。例如本次班会的四个环节，从回首过去，反思当下，到展望未来，符合学生生活逻辑和思维进阶，能更好地调动学生的情感并使其积极参与体验。

3. 不足之处在于颁奖环节应该提前安排发放奖品的学生，减少排队领奖的时间，领奖环节可以安排拍照；此外，学生上台签字环节稍显混乱，需要再适当调整，比如每组一半人先签字，另一半人先按手印，两部分同时进行。

4. 在签字环节，部分小组成员想要有所创新，把本组分散在黑板各个地方的成员姓名圈在了一起并写了小组的口号。当时我只觉得这一组停留时间较长，没注意他们的情感流露，这其实是增强小组凝聚力的重要契机，在事后看到所有签名图我才注意到这个小组停留较长时间的用意。如果能抓住这个契机，更直观地让大家感受到集体与同伴的力量，会进一步增强情感共鸣，实现更理想的效果。

感恩——你好，老爸老妈

一、班会背景

进入青春期后，孩子与家长的亲子关系紧张，叛逆、不懂事、不听话等词开始成为部分家长对孩子性格描述的口头禅，孩子也开始吐槽父母不理解他们，每天都是批评、唠叨环绕耳边。亲子直接的沟通出现障碍会直接影响学生的情绪和学习状态，我们发现在班级中学习心态积极的学生基本与父母保持相对良好的亲子关系，即使偶尔有冲突，父母和孩子之间也会相互理解。通过问卷调查发现，40％左右的学生与父母每天沟通不到半小时，大多数学生内心是感恩父母的付出与辛苦的，但青春期的他们不知道如何与父母沟通。基于此，我召开了以“你好，老爸老妈”为主题的班会，通过学生之间相互倾听与教育、学生和家长之间的短暂互动，教师正确引导学生理解、表达对父母的爱。

二、班会目标

1. 通过问卷调查启发学生对“理解父母”的思考，引导学生了解在成长过程中父母真心的付出。

2. 通过“真心话、大冒险”活动让学生懂得亲子关系中表达爱的重要性，进一步增强孩子与父母之间的感情。

3. 启发学生真正理解“百善孝为先”，认识孝是做人最基本的品质。

三、班会准备

1. 问卷调查。“家庭是孩子的第一所学校，父母是孩子的第一任教师”，为了更好地了解班级亲子关系的状况，并有针对性地召开促进亲子关系发展的班会，本次班会在召开前创建了《父母篇问卷调查》和《子女篇问卷调查》。

2. 让每一位家长给孩子写一封信。写信，是父母与孩子沟通的有效途径，将要表达的嘱托、爱意用文字表达出来，加重了本来的分量，显得更加真实、有力。

3. 让每位家长准备一张全家福或是与孩子的合照，班主任将其打印。孩子们在整个班会氛围的渲染下看到全家福，更能深刻地感受到中国传统文化中“家”的概念和家庭存在的意义，更能感受到父母给予的爱。

4. 信封。将家长的信和照片一同放在信封里。

5. 信纸。班会环节让他们回家长一封“三行情书”，放入信封后给家长。

四、活动方式

本次班会的主题是感恩。主要通过亲子互动的方式为学生和家长建立沟通桥梁，让彼此表达爱、感受爱，让学生学会理解父母、尊重父母，主要活动方式如下。

1. 问卷调查结果展示：开展班会前组织学生和家长完成了亲子问卷调查，在班会上向学生展现问卷情况。

2. 播放视频：播放高考鼓励视频，带其进入视频情境，回想实际生活中与爸妈的相处，引发学生对亲情的思考。

3. 小组讨论分享会：将学生分成 5 个小组，每组选择 1—2 名学生代表分享其与父母的日常相处及对父母的夸赞。

4. 阅读信件：阅读爸妈写给自己的信，感受来自爸妈的爱。

五、班会过程

1. 班会导入

师：亲爱的宝贝们，以你们对教师的了解，用一个词形容你们在谭老师心中的印象。（出示问卷调查结果，让学生感受自己是一个懂事的青春期少年，如图 1）

第 2 题　我觉得我的父母是世界上最好的父母（　　）[单选题]

选项	人数/人	比例 /%
非常符合	25	69.44
比较符合	6	16.67
符合	4	11.11
不符合	1	2.78
很不符合	0	0
本题有效填写人次	36	

第 4 题　我和感恩我父母给予我的一切。（　　）[单选题]

选项	人数/人	比例 /%
非常符合	27	75.00
比较符合	5	13.89
符合	3	8.33
不符合	1	2.78
很不符合	0	0
本题有效填写人次	36	

图 1　问卷调查反馈信息 1 截图

从调查问卷的结果可以看出孩子尊重理解父母的付出，虽处于青春期，但善良、懂事、知恩。

师：咱们班的宝贝们，都是同龄人里非常知恩、懂礼的孩子，但在青春期，在对你们和父母的问卷调查后发现你们与父母有大大小小的矛盾，所以这节课咱们就一起来聊聊咱们怎样和父母更好地交流。

（出示班会目录）

- 少年们的“求生欲”——理解爱
- 少年们的浪漫——表达爱
- 少年，愿你好好成长——收获爱

2. 少年们的“求生欲”——理解爱

师：在青春期的你们，虽然很懂事，但难免会与爸爸妈妈产生或大或小的冲突，我们先一起来看一段小视频，在视频中找一找你和父母的影子。

播放影片《答案》：影片中讲述了在孩子即将高考填报志愿时，父母为孩子填报志愿所做的默默努力，孩子最后才发现父母的用心。

师：其实视频中我们或多或少能看到自己和父母的影子，在咱们的中考路上，我们也深知父母为我们的付出，这是咱们回答的调查问卷内容。(出示问卷调查结果，如图2)

第13题　中考路上，你认为你的爸妈为你的中考付出了什么努力？[多选题]

选项	人数/人	比例/%
美好的陪伴，让你安心备考	30	83.33
为我准备美味的佳肴	26	72.22
帮我营造好的备考环境	23	63.89
帮我解答疑问	17	47.22
帮我找学校	7	19.44
其他	3	8.33
本题有效填写人次	36	

图2　问卷调查反馈信息2截图

师：但青春的我们遇上了青春期，就像视频中的小哥哥，和爸妈说话夹枪带棒的。咱们班在完成问卷时也有同学提到与爸妈的矛盾。(出示问卷调查矛盾内容)

生1：早上我妈叫了我好几次我都没有起床，我俩吵了一架，最后我承诺以后自己定闹钟起床。

生2：学习状态差，家长说我，当时没能理解父母的一片良苦用心与父母吵了起来。

生3：我妈要没收手机，我当时对手机依赖比较强，跟爸妈吵架了，最后还是没收了，但我也比较感谢这次冲突，这是我戒手机的转折点。

生4：我在跟我妈妈吵了一架后，跑出去了很久，晚上才回来。我回来以后看到我妈哭得很难过，我看见她哭我也很难受，最后我们两个都互相谅解了对方。

生 5：2020 年，刚刚步入青春期的我和父母经常发生矛盾，还用侮辱性词汇攻击我的父母。

此时学生观看视频和问卷材料。感受视频中孩子对父母的态度，以及父母对孩子的无私付出。也让学生通过身边的事和人，了解青春期存在的矛盾，真正感受父母在中考路上对他们的付出，为后续讨论环节做准备。

师：其实在问卷调查的过程中，也有同学写到和爸妈有冲突但很快就解决了。所以大家看看这些冲突，能不能让它们不爆发，有什么好的方法，咱们一起来互相传授一下经验。接下来的环节，我们就进入到"'求生欲'技能大分享——如何构建良好的亲子关系"环节，咱们一起来思考。

活动环节要求：小组讨论。

材料来源：影片《答案》；问卷调查中的内容；剧本《一个平常的放学后》；学生的实际生活。

讨论内容：如何避免亲子冲突。

学生：结合自己在家中与父母的交流实践，学生充分讨论如何在家中避免亲子冲突，分组回答问题。

(1)积极向家长认错。

(2)主动向父母说出内心的想法。(例如：在手机问题上，父母要求上交手机，学生向父母承诺正确使用手机，争取使用手机的权利。)

(3)家长给台阶就下。

(4)不要冲动做事。

(5)跟家长"秋后算账"，等家长气消了再和爸妈谈话。

师总结：刚刚很多同学说了这么多，大家都有这样那样的处理问题的方式，咱们一定要互相学习。其实父母的出发点只有一个，就是为你好，所以咱们从自己做起，主动和父母好好说话，理解父母，让自己和父母有更好的亲子关系，收获更多的幸福。这样，你的心情才会舒畅，学习状态也会更好！

3. 少年们的浪漫——表达爱

师：接下来就进入第二个环节，我们来玩一个游戏——“真心话、大冒险”。

活动要求：每小组派一名同学抽取“真心话、大冒险”的题目。

真心话题目：夸一夸你的父母；你做过最让父母伤心或者失望的事情是什么；你认为你做过最感动父母的事情是什么；请说一个你认为你身上没有的，但你父母身上有的优点。

大冒险题目：给父母打电话说“我爱你”；如果最近有和父母因为某件事情吵架，和父母打电话说对不起，然后说句“我爱你”；给爸爸或者妈妈打电话说“我想你了”；你上一次跟爸妈合照是什么时候，今晚拍“亲亲父母”的合照，并发班主任。

学生活动：

(1)父母完成了属于他们的使命，以他们的方式报效了祖国。

(2)我父母相对于我来说，他们的脾气特别好，特别会忍耐，但我不会。我比较容易发脾气。

(3)我父母的办事能力比我强，不像我拖四五天，或者干着干着就急了，我爸妈的交友能力也比我强。

师总结：其实通过刚刚“真心话、大冒险”的活动，老师有三句话想和大家分享。

第一句话，好的关系是表达出来的。刚刚同学们对爸爸妈妈说“我爱你”的时候，其实不管是表达爱意的你，还是接受爱意的父母都会感到很幸福，在家庭中我们就需要这样，学会表达，爱会更加丰盈。

第二句话，父母也需要被爱。我们常说父母是大山，为我们遮风挡雨，但他们是真的需要你们理解他们的这种付出，并且让他们感受到付出是值得的。所以，平时我们不要抱着理所应当的心态享受着父母给予的一切，换成感恩的态度，你为父母付出一点点，他们会更加开心。

第三句话，珍惜和父母在一起的时光。你们确实还小，但老师曾经算过，现在像我这么大我还能和父母待在一起多长时间，见多少次面。父母真的是在不经意间就变老了，希望大家懂得珍惜，懂得感恩。

4. 少年，愿你好好成长——收获爱

（播放背景音乐）

师：接下来的环节我要替你们的爸爸妈妈送大家一个礼物——信与照片，亲爱的同学们，请大家打开信封，里面有一张照片和一封爸妈写给你们的信。我也让我的爸爸给我写了封信，咱们现在随着音乐，通过文字尽情地享受与爸妈的交流时光吧！

（等待 5 分钟）

师：同学们，通过今天这节班会我相信大家对亲情会有更多更深的认识，现在的我也能感受到大家比较激动的情绪，现在桌上有信纸，大家拿出信纸，咱们给父母写三行情书，说出最想对父母说的话。

教师范例：

我曾经的、现在的、将来的美好，

都源于建国和月红的爱，

愿，时光慢慢。

——小谭

师总结：我知道我的宝贝们都很懂事，也很理解父母，所以今天开这个班会目的不只是让大家去孝敬父母，因为我知道大家已经有一颗感恩的心。在青春期的你们，更多的是不知道如何去感恩父母甚至是尊重父母，那么这节班会我们通过这么多环节，我相信大家学到了身边同学和父母相处的小技巧，通过“真心话、大冒险”也学习到了如何表达爱意，看到爸妈的信也更加能感受到爸妈对你们的爱。俗话说“百善孝为先”，做一个孝顺的人，你不仅会收获亲情，也会收获真心、真情，因为孝是一个人最基本的品质。孝是忠和善的基础，只有能够尽孝于父母之人，才能尽忠于国家，才能行善于社会。

5. 班会后延伸教育活动设计(班会作业)

照片是捕捉情感的最佳方式，但在向家长收集照片的过程中，发现许多孩子已经很久没和爸妈拍照，上交的照片是几年前甚至是刚出生的合照，因此在班会最后，布置了一项班会作业——和你的父母合张影。

六、经验总结

1. 班会前做好充分的准备工作。开展班会前班主任完成了问卷调查的设计和结果整理，收集家长写给孩子的信、全家福等。文字表达出来的爱意加重了本来的分量，显得更加真实、有力，全家福的意义是让孩子感受家的温暖以及父母给予他的爱。

2. 办班会的目的是让学生从心底里接受教育，面对即将来临的中考，学生压力大，家长唠叨多，可能本身不错的亲子关系也会在这一特殊时期变得有些紧张。因此，设置相应的环节让学生正确理解家长的爱，感恩父母。

3. 班主任应结合班级的“性格”进行班会环节设计。本班学生情感丰富，所以本节班会用“情”渗透，通过视频、问卷调查结果调动情绪，“真心话、大冒险”激发情绪，家长信和三行情书释放情绪。整场班会学生有开心，有难过，有懊悔，有感动，班会的氛围也是有温情，又温馨，更温暖。班会结束后，有很多学生主动发来了与父母的合照，照片中笑容十分阳光。

4. 班会“真实”最重要。班会切忌“摆拍”，本节班会教师没有说教，没有安排发言，只是为学生与学生之间、学生与家长之间构建了一个情感交流的平台，让学生通过班会活动去感悟最真实的亲情。

5. 及时反馈。班会是短暂的，如何将这种感恩之情延续下去，成为他们一生能拥有的东西是最重要的。班会课之后我向家长了解孩子在家的状态，大部分学生的变化是巨大的。在学校的日常我也会和他们分享我了解到的一些小故事，让他们潜移默化地将这种懂得理解爱、表达爱的方式延续下去。

效率——善用时间，效率优先

一、班会背景

时间管理是我们一生要学习和实践的课程，对于高中生而言，在有限的时间里高效学习是老师和学生一直追求的目标。高中生自我意识强，沉迷于掌控感，对学习也是一样，要自己安排，他们要么随性而为，没有时间管理的意识，要么就是抓紧一切时间学习，看似很忙却没有效率。基于以上问题，我开展本次班会，以期促生学生的时间观念，并传授有效的时间管理方法和提高学习效率的方法。

二、班会目标

1. 使学生认识到时间是有限的，正确的学习方法能让学习事半功倍。
2. 掌握时间“四象限”法，确定事件的优先级。
3. 认识大脑工作的规律，利用规律，提高效率。

三、班会准备

透明罐一个，乒乓球若干，小石头一小罐，沙粒一小罐。

四、活动方式

班会开场以问答和演示活动的形式展现时间管理的重要性，同时呈现学生时间管理中的问题、困扰及成功经验，从而聚焦做好时间管理的两个主要方面：学习、落实时间管理方法和遵循、利用相关规律。在方法方面，介绍时间“四象限”法并推荐按小时记录每天行为的工具表，学生尝试对事物进行分类并做记录。在相关规律方面，学生们学习大脑工作的规律、艾宾浩斯遗忘曲线及减少情绪消耗的方法。

五、班会过程

1. 回顾、审视平时的学习

(1)活动一：思考与讨论。

①思考平时学习中哪些事物占用了你的时间？

学生的回答各式各样，归纳起来包括手机聊天，刷视频，看朋友圈；心情不好，和父母吵架；阅读《红楼梦》，背单词，做数学题……

师：看来目前干扰学习的大敌有手机和情绪，但读《红楼梦》，背单词，做数学题都是在学习，你们觉得占用时间有什么问题吗？

生 1：有时候一晚上都在读《红楼梦》，其他的作业没时间做，有时一道数学题要做两个小时。

师：这个时间该不该这么用呢？

生 2：应该，读《红楼梦》，背单词这些事情肯定得做，时间早晚得花。

生 3：不应该，一晚上只做这一件事情，其他的作业都没做，第二天会跟不上老师，而且还会被老师说。

师：我感觉这两位同学讲得都有道理，遇到这种情况你们是否先权衡过利和弊，再决定当天的时间分配，能这样主动支配时间的同学举手。

(举手的学生寥寥无几)

师：看来我们需要学习一下如何权衡、分配时间，还要了解一下如何处理手机和情绪问题。

②思考哪一节自习课上你对自己的表现很满意，你做了什么？怎么做到的？

生 4：上周写作文，因为语文老师说写不完不能回家。我就在那一直写，没干别的事情。

生5：背单词，那个 word list 有20个新单词，因为高×打赌说我背不下来，所以我一直背，结果一节课就背下来了。

师：这很厉害啊，现在还记得几个？

（学生挠了挠头，憨憨地笑了）

师：提高学习效率不仅是某一节课效率高，更是一套组合操作，使付出的努力得到最大的收益。

(2)演示活动。

将一个大的透明罐子放在讲台桌上，教师先向里面装满乒乓球，问学生们满了吗？学生说满了。再向里面放入一罐小石子，到瓶口，学生又说满了，接着倒入了一罐沙子，直到填满。

师：大家可以把这个罐子看成是我们的人生，乒乓球代表大的重要的事情，小石子是另外的较重要的事情，沙子代表生活中的小事，如果把沙子先倒进罐子里，你就没有空间放小石头和乒乓球了。生活也是一样，如果我们把时间都耗费在小事上，就会失去做重要事情的时间，所以我们要将关注点放在真正重要的事情上，设置好事件的优先级。

2. 时间“四象限”法

(1)经过权衡，合理分配时间。

在日常学习中，如果我们能有意识地分配时间，利用时间，会提高对时间的掌控感，避免处于不安和困顿的状态，教给大家一个合理分配时间的方法。美国著名管理学家史蒂芬·科维(Stephen Richards Covey)提出的一个时间管理的理论——时间“四象限”法(见图1)，把工作按照重要和紧急两个不同的程度进行了划分，基本上可以分为四个“象限”：紧急且重要、重要不紧急、紧急不重要、不紧急不重要。时间“四象限”法核心理念是：投入更多资源在重要+不紧急的事情上面，这样可以做到未雨绸缪，防患于未然！

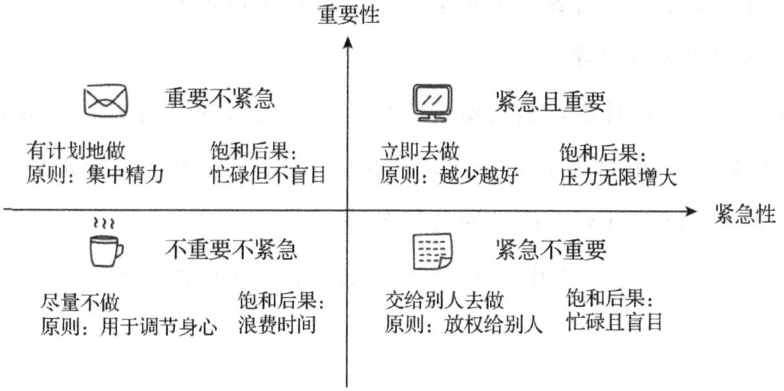

图1 时间"四象限"法

第一象限紧急且重要的事需要立即去做。内容含量不宜多，所占用时间控制在20%以下，太多会让人压力倍增，影响执行效果。第二象限内容非常重要，对时间要求不紧迫。比如，老师留的在一定时间范围内完成的作业(背单词，读《红楼梦》)，就需要有计划地做，以达到忙碌而不盲目的效果。这部分内容会使我们有较多的长远收益，做得越好收益越多，同时紧急性的任务也会越少。和同学聊天，玩手机游戏，刷小视频，对于提高学习效率而言就属于第三象限不重要不紧急。时间花费控制在5%以下，尽量不做，浪费时间。第四象限通常是一些突发性的临时事件，重要性不大，但必须马上做。可以求助他人帮自己完成，通常情况这类事件不超过15%。在不同情况下，事件所处的象限可能会发生变化，比如情绪不好时和同学聊聊天这件事似乎就变得重要且紧急。

(2)活动二：实践理论。

请大家根据刚才所讲的内容，列出自己头脑中充斥的要做的事情，并按照上面坐标轴划分的不同区域进行分配。

3. 记录时光

依据时间"四象限"法，我们做好规划后要付诸实施。时间都去哪儿了？这么重要的事情光靠记忆不足以记录，最好有一个工具表格，帮我们记录时间。推荐大家用表格记录事件发生的时间和时长。

4. 认识规律提效率

师：大家日积月累，踏实做，认真记录，记录的是努力，记录的是奋斗的人生轨迹。在利用上述方法，全面考虑后，按计划完成定能事半功倍，但如何能够按计划、高效完成任务呢？

生 1：老师限定完成作业的时间，最好是在学校的时间。要是有老师监督就更好了。

生 2：也可以像高×背单词那样，和同学做好约定，同学间互相监督。

生 3：我希望有一个安静的自习室。

生 4：有时即使没有别人打扰我，我也会走神，如果能不走神，效率肯定会提高。

师：大家提到监督，我觉得是个很好的办法，能够利用和提高我们的契约精神。人能够集中精力的时间，大概就是 30 分钟到 45 分钟之间，长了就不行了，这就是为什么我们一节课只有 40—45 分钟的时间。研究表明，成人高度集中注意力完成一件简单枯燥的任务，只能维持 20 分钟，然后就会容易出现错误。开小差，闲聊天可能是大脑需要休息了。所以，在平时学习中，我们需要劳逸结合。休息能够使精神状态和情绪都得到改善。

之前还有同学提到情绪问题，我们在生活中遇到苦恼和痛苦，可以找同学或老师倾诉使情绪释放，若无人倾诉或不可倾诉，你也可以自己疏导情绪，有实验表明，运用书写来表达自己情绪的人更加健康。一旦你的生活出现了问题，拿起纸笔只管去写，就像没有别人会看到一样，只有你自己，把事件经过，自己的感受，为什么会有这样的感受，一五一十地写下来。利用这个办法我们就是在正视它、看清它、拆解它、化解它，将我们自己从情绪的泥沼中解脱出来。

先前我问那个学生你还记得几个单词，他没说，但我想如果那节课后他没再回顾或者使用那些单词，估计现在还记得的不多了。我要告诉大家一个关于学习的秘密，学习的过程是大脑中神经元建立联系通路的过程，这条通路在建立之初必是狭窄不通畅的，拓宽道路的方法就是重复，就像鲁迅先生说的："世上本没有路，走的人多了也便成了路。"在学习过程中我们定期重复，反复运用知识，自然理解深刻，记忆牢固。最后，教给大家一个 3-2-1 的方法来给每次学习进行复盘。

活动三：运用 3-2-1 复盘这节班会课。

我得到 3 大收获：____。

我萌生了 2 大想法：______________________________________。

我要采取 1 个行动：______________________________________。

六、班会效果

本节班会课在学习效率方面拓展了学生的认知，使学生认识到学习的时间的有限性及提升效率的重要性。通过本次班会课，学生科学地认识了人脑的工作规律和工作原理，能够正确处理学习和休息的关系，理解了劳逸结合的重要性，也知道了重复(不断复盘和应用)是学习的必经之路。

本次班会还传授了学生较为有效的处理方法，如时间"四象限"法合理安排事件，确定事件优先级，书写情绪法和 3-2-1 这种简练易操作的方法。而实践环节也提高了学生的参与度，学生普遍反馈班会课实操性强，使他们的学生生活很受益。

在班会过程中，学生积极参与讨论和活动，他们认为这次班会课实际操作性强，易于后续的实施，会使他们长期受益。

七、经验总结

1. 帮助学生养成终身受益的习惯是我一直追求的目标。经过本次班会，学生慢慢形成时间管理意识，能够分析事件的轻重缓急，做事有计划，有记录，初步掌握时间管理的一般方法。

2. 班会过程中，教师须把握好每个环节所用的时间，可以课前收集一些学生的问题展现在 PPT 中，以避免学生提出的很多问题与本节班会课无关。

3. 活动二和活动三学生参与体验后应设置充分的分享和讨论环节，若一节课时间不够，可以考虑拆解到两次班会课中，虽然完整性较差，但落实的效果好。

4. 高中生很容易出现情绪问题，本节课涉及情绪管理的内容较少，可以在后续班会中开展情绪教育专题，以减少不良情绪对学习效率的影响。

青春——缅怀李大钊先生并以青春之名立志

一、班会背景

2021年是中国共产党成立100周年，从1921年到2021年，中国共产党带领中国人民走过百年历程，是光荣辉煌的一百年，也是艰苦卓绝的一百年；是奠基立业的一百年，也是开辟未来的一百年。为从党百年伟大奋斗历程中汲取继续前进的智慧和力量，市委组织部印发了《关于党史学习教育中开展“党史学习”活动的工作方案》，在全市范围内组织开展“党史学习”活动，激励全党全人民不忘初心、牢记使命，建功新时代，奋进新征程。

少先队员是共产主义事业的接班人，应以贴近队员、丰富多彩的主题活动为载体，在队员中广泛开展党史教育、国情教育、革命传统教育，厚植爱国主义情怀，坚定共产主义信念。

为了符合初一学生的年龄特征和认知，我和班干部一起设计了“缅怀李大钊先生并以青春之名立志”的主题班会，以人代史，从感性认识出发，追寻李大钊先生的足迹，了解共产党员的人生价值观和高尚情怀，深入情境体会中国共产党创立的艰难历程和伟大功绩。

二、班会目标

1. 认知目标：引导学生了解革命先驱李大钊先生传播马克思主义真理的生平事迹，知道中国共产党的创建历史，认识党的伟大功绩。

2. 情感目标：通过参谒烈士陵园，感受李大钊先生英勇就义的伟大精神，体会革命先辈为共产主义理想而奋斗的高尚情怀。

3. 行为目标：激励学生以青春之名立志，听党的话跟党走，在奉献青春力量的志愿者活动中争做排头兵。

三、班会准备

1. 班主任准备：指导学生学习中国共产党成立的历史背景和李大钊先生的生平事迹；启发并组织学生有效开展青春献祖国志愿活动。

2. 班干部准备：组织同学们搜集、整理资料，自主策划活动内容与步骤；小组分工进行扫墓及志愿者活动的各项准备。

3. 其他学生准备：熟读《青春》与《致青春：给李大钊先生的一封信》；做好为理想而奋斗的具体行动。

四、活动方式

通过小组合作的方式，同学们搜集、整理资料，深入了解中国共产党的创建历程和李大钊先生的生平事迹。在班主任的组织下，同学们前往万安公墓，祭奠李大钊先生，并以青春之名立志，内化成自身的志愿行动。

五、班会过程

同学们乘坐“开往新中国的列车”（西郊线列车），列车站点包括西山无名英雄纪念广场、万安公墓、樱桃沟、香山革命纪念馆、双清别墅等，载着同学们回顾中国共产党同人民风雨同舟、生死与共，走向胜利的伟大历程。班主任以沿途站点为线，讲解新中国成立的历程和鲜为人知的党史故事，引导同学们从中汲取革命的智慧和力量，并内化成自己的行动。

活动中，队员们有条不紊地进行扫墓活动，以李大钊先生的光辉事迹为线，深入体会中国共产党创立的艰辛与伟大，并通过“青春队”与“致青春队”分别有感情地诵读《青春》与《致青春：给李大钊先生的一封信》，形成跨越百年的嘱托与承诺的呼应，升华队员的爱国情感。最后以青春之名，向先烈宣告自己的志愿者行动轨迹，并通过不同的方式进行展示。

1. 追寻伟人的足迹

同学们在万安站点下车，前往万安公墓。到达李大钊烈士陵园后，同学们分小组站列。由班长主持，活动正式开始。班长首先明确了本次活动的目的和意义，缅怀先烈，赓续精神，青春立志。随后，全体人员肃立，在副班长的引导下敬献花篮、三鞠躬、默哀一分钟，表达对先辈的崇敬感情。接下来，一组同学从中国国家博物馆展览大厅里摆放的一件文物——李大钊烈士就义的绞刑架开始，通过图片展示和文字讲述，带领大家回顾李大钊烈士“铁肩担道义，妙手著文章”的一生，追寻伟人的足迹，追思先烈，感悟历史。

2. 缅怀伟人的理想

在了解李大钊烈士的伟大事迹后，同学们通过对话先烈，感受李大钊先生的光辉思想和为革命英勇献身的精神。“青春队”诵读李大钊先生撰写的《青春》一文“春日载阳，东风解冻”选段，重温无数热血青年再造“青春之中华”的理想和满腔救国的豪情，传达先烈的嘱托和殷殷希望。“致青春队”诵读人民日报刊登的《致青春：给李大钊先生的一封信》，跨越百年，表达我们的怀念和不负嘱托的决心。“我想，您一定是看到了，这盛世如您所愿！”“我们是共产主义事业的接班人，我们正在为实现理想而奋斗。”“我们以青春之名，向您保证：为理想而奋斗，不负青春！不负青春！不负青春！”在一句句深情与激昂的呼喊中，爱国情感和为理想而奋斗的决心油然而生。

3. 为理想而奋斗

每一位同学以青春之名立志，向先烈宣告自己的志愿者行动轨迹。同学们按志愿活动内容，如社区垃圾分类活动、给空巢老人送温暖活动等志愿服务，社区安全宣传活动、社团活动等三五成群地聚集，通过图片、视频展示、语言阐述、讨论交流等多种形式，每个同学将自己为理想而奋斗的行动、感悟及目标等形成文字，张贴在“理想的力量”展板上，在活动结束后，将展板带回放置于教室内。

六、班会延伸

1. 进行祭扫活动总结，评选并颁发“立志章”。

2. 形成了志愿行动分级小组，规划志愿活动，定期实施志愿服务。在班主任的引导下，班级成立志愿行动领导小组，并明确了各小组成员的职责。组长负责制订本学期志愿行动的目标、任务和计划，副组长根据不同的主题和每个同学的兴趣，组建各行动小分队，其他小组成员分别负责宣传、评选、协调、应急支援等工作，全方位确保每次志愿行动圆满完成。

3. 制定志愿行动的评优制度和个人目标的评估标准。在班干部的组织下，发动所有同学进行讨论交流，集思广益，制定志愿活动的评优细则。同时，班级制定标准，对每个同学完成目标的情况进行评估。

4. 班主任和班干部继续策划党史学习的一系列活动。通过查找资料、探访党史专家、实地考察等，班主任和班干部深挖身边的红色资源，精心策划诸如党史知识竞赛、观看红色电影、唱响红色歌曲、讲述党员故事等党史学习专题活动，从中汲取努力学习、报效祖国的不竭动力。

七、班会效果

1. 主题从初一学生的认知出发，通过缅怀李大钊先生，了解共产党员的人生价值观和高尚情怀，深入体会中国共产党创立的艰难历程和伟大功绩。

2. 活动充分调动了学生的积极性。两个小队以合作探究的形式查阅、搜集中国共产党成立的历史背景和李大钊先生的生平事迹，梳理成简练的语言，同时每个同学反复练习诵读文章，明确自己的理想。

3. 在活动中使同学们升华爱国爱党的情感。两个小队在将李大钊先生的生平事迹形成文字的同时，能深刻地体悟到共产党人的精神和情怀以及建党的艰辛与伟大，在诵读《青春》和《致青春：给李大钊先生的一封信》时，将先烈的嘱托和希望铭记于心，立志成人，内化为承诺和行动。

4. 同学们梳理自己志愿行动的轨迹，践行理想的力量，更加坚定马克思主义信仰和建设中国特色社会主义的信念。

八、经验总结

班会是学校德育的主阵地。本次班会践行以学生为中心、以活动为中心的理念，充分利用本土资源，突出主题主线，扎实、深入地开展党史教育，让每一个学生在活动中收获成长。

1. 在开展本次班会前，首先结合初一学生的认知特点和现实情况进行具体分析，再深入实地进行精准的调查研究，以此为依据设计内容丰富和形式多样的活动。从本次班会活动的实际开展情况来看，效果较好，达到了班会目标。

2. 本次班会充分发挥了学生的主体作用，有利于学生的自我成长和实践。通过一个个相互衔接的环节，引导学生在不同形式的活动中，积极参与，循序渐进地进入状态、升华情感、获得成长。

3. 本次班会采用了实践锻炼的德育方法，学生在扫墓、朗诵等活动中，通过自己的亲身参与，获得感悟；采用了榜样示范法，以李大钊先生为榜样，给予学生一定的启发；还采用了自我教育法，学生写下自己的行动目标，从而自我督促，不断奋进。多种德育方法相互结合、相辅相成，使活动达到了良好的效果。

4. 本次班会不仅着重引导学生知史爱党，而且建章立制，规划了此后一系列党史学习教育，细化了评优制度和评估标准，进一步提质增效，激励学生常怀爱国爱党之心，从而努力奋斗逐步成人、成才。

时间——我与时间一起奔跑

一、班会背景

1. 理论背景

以《关于培育和践行社会主义核心价值观的意见》为指导："敬业"就是专心致力于学业或工作。而学生"敬业"的前提之一就是要有时间意识，要意识到时间的重要性，并且能够珍惜时间，努力学习。在《关于培育和践行社会主义核心价值观的意见》中，要求"从小抓起"，因此对于学生的敬业教育，需要从平时细节处见功夫，不夸张，就事论事，让学生们能从一节班会深刻领悟一个道理，对今后的生活实践有所指导，才能让社会主义核心价值观真正地走进学生的心中与生活中。

以"21天效应"为指导：为了让学生最后能够落实、践行《"我与时间一起奔跑"公约》，根据"好习惯培养理论"的"21天效应"：一个好习惯的形成和巩固至少需要21天，因此我们最后的践行期定为四周。

以"榜样示范法"为指导："榜样示范法"是教育者以他人的高尚思想、模范行为和卓越成就影响学生，促使其形成优良品德的方法。在"再回首谈感受"中，我们会让班里在利用时间方面做得好的学生交流，发挥榜样示范作用。

2. 实践背景

2017年9月1日，全新的初一(6)班组建完毕，这个班级的40名学生(男女生各20名)热情可爱、善于提问，大部分学生对于学习比较热爱，家长对于学生期望较高，学生自己对于学习的结果也有所期待。两个月后，在班主任观察以及学生的反映中发现：有学生在听见上课的预备铃甚至上课铃声响起后好像没听见一样，慢慢腾腾地回到座位，甚至个别的不参加中考的科目，有的学生在打铃之后还依然在聊天，等老师"发脾气"才赶紧回座位；也有同学在课前没有做好下一节课的准备，导致上课过程中去外面柜子取东西，打断老师的正常教学进度，同时，也耽误自己和其他同学的学习。在每周一次的调查中，以上的现象已经成为我班80%以上同学反映的最为严重的问题。所以，这个问题的解决已经势在必行。

为了更好地解决这个问题，在我校陈雪芬副书记的直接组织下，在我校班主任工作室负责人王秀莉老师以及学生发展处刘云霞副主任、初一年级主任李继琼的指导和参与下，在我班心理教师也是我校心理中心主任李保松老师的帮助下，我们一起寻求问题背后的本质，经过细致的分析，我们认为问题的本质是学生没有意识到时间的特性：①时间是不可停顿的，它片刻不停地在流动着；②时间非常珍贵，它一去不复返。因此，本节班会是围绕着我们对于问题本质的分析而设计的活动。

二、班会目标

1. 通过短剧的情景再现，让学生认识到平时熟悉的课前、课中场景其实浪费了时间，时间是具有不可停顿性的。

2. 通过"托笔一分钟"活动，让学生静态感受时间，使其意识到一分钟看似很短，但其实很长；通过"我的一分钟"环节的两组体验活动，让学生动态感受时间，使其意识到一分钟可以做很多事情，时间很珍贵，学会珍惜时间。

3. 通过形成和践行班级《"我与时间一起奔跑"公约》，督促学生养成珍惜时间的习惯，从而解决学生浪费时间的问题。

三、班会准备

1. 让学生统一穿校服。

2. 准备能够感知时间的电子版的倒计时时钟。

3. 准备根据本班问题生成的《时间都去哪儿了》短剧剧本并排练。

4. 准备“我的一分钟”环节将用到的3首关于时间的古诗，并打印。

5. 准备“我的一分钟”环节将用到的难度适宜的数学题12道，打印，并提供答案。

6. A3纸上绘制《“我与时间一起奔跑”公约》的框架。

7. 配乐裁剪：短剧需要的《时间都去哪儿了》配乐，集体朗读《匆匆》选段需要的《初雪》配乐。

8. 三位同学在A3纸上绘制营造珍惜时间场景需要的标示7：50、9：10以及只有表盘没有具体时间的时钟。

9. 关于主持：选拔主持人、拟写并修改串词，培训主持人。

10. 制作“我与时间一起奔跑”主题班会PPT。

11. 准备磁性白板6块、白板笔6支、小磁扣30块。

四、活动方式

以全班体验—畅谈感悟和小组讨论—展示汇报—全班交流的方式展开活动。

五、班会过程

1. 时间可否等我？

(1)短剧表演《时间都去哪儿了》。

配乐：《时间都去哪儿了》。

主持人宣布“敬业”系列班会之“我与时间一起奔跑”主题班会开始！

(2)时间初体验。

坚持"贴近实际"的原则；选择学生平时熟悉的课前场景(迟到、忘带书本、取书本等)，采用短剧表演的形式再现；结尾采用学生喜欢的《时间都去哪儿了》的歌曲渲染主题；观看短剧表演后发表感悟，认识到时间的不可停顿性，它是不会等我们的，回答了第一部分标题"时间可否等我?"这个问题。

2. 我与时间同行

(1)"托笔一分钟"(静态感受时间)。

规则：全体起立；胳膊伸直，手背朝上；坚持托笔一分钟；中间保证笔不掉在地上；中间姿势不对或者笔掉到地上，会被两位裁判贴条，游戏出局，安静等待游戏结束。

(2)再回首谈体验。

得出结论：一分钟太长了！

【设计意图】集体参与，激发兴趣；自主体验，即时谈感悟，固化感悟；意识到时间是有弹性的，一分钟看似很短，但其实很长。

(3)"我的一分钟"(动态感受时间)。

规则：全班分为两大组，前面三组为写字组，后面三组是速算组。比赛时两组同时进行。书写的具体要求：请用正楷字规范抄写，包括标点符号。

比赛之前预估两项活动可以完成的量：关于写字，有同学说 30 字、40 字，还有同学说最多 20 字。关于计算，有同学说 5 道、8 道、10 道等。

(4)再回首谈体验。

大家发言极其踊跃。有同学说自己的数学并不好，但刚才完成了好多题，觉得很震撼；有同学联系了之前班里同学抱怨老师作业留得多，每天作业写到晚上十点还写不完的问题，孩子自己总结说其实老师留的作业都不多：按照我们写字一分钟 40 字，计算一分钟平均七八道题来算，数学留 30 道题，五分钟左右就能完成，怎么会写到那么晚？可能是我们边写边玩了。

也有同学补充说按照我们刚才的写字速度，我们写 300 字的小随笔，不用 10 分钟就可以完成，而语文默写，应该一分钟就可以完成。

这引起了很多同学对自己以前边玩边写作业的反思。

学生们表示，刚才的活动，让自己知道了原来一分钟可以做很多事情；也有同学表示我们要合理地利用时间。最后，有同学算了一笔时间账：我们现在到两年后的中考只有 800 多天，去掉吃饭、睡觉、锻炼等时间，能够用来学习的就剩下 8000 多个小时，所以我们要珍惜时间，努力学习。发言得到了同学们热烈的掌声。

【设计意图】写字组、速算组先预估再操作，激发兴趣，促进反思；榜样示范，促进反思(班级珍惜时间榜样)；意识到一分钟可以做很多事情；从学习领域扩展开来，学生认识到时间的珍贵，珍惜时间。

3. 我与时间一起奔跑

形成班级《“我与时间一起奔跑”公约》(见表 1)。

表 1 《“我与时间一起奔跑”公约》框架表

时间段	需要完成的具体内容	周一	周二	周三	周四	周五
课前						
课中						
课后						

【设计意图】小组讨论，展示汇报；全班交流，形成公约；将学生的认识成果固化，便于日后督促学生养成珍惜时间的习惯。

4. 总结提升

(1)举手表决。

(2)践行班级《“我与时间一起奔跑”公约》。

下周开始的四周内每天作业之一：在自己做到了的项目上打“√”。

每周利用班会评比“我与时间一起奔跑”之星，并就成功经验和不足教训进行交流。

(3)齐读朱自清《匆匆》片段。

去的尽管去了，来的尽管来着；去来的中间，又怎样地匆匆呢？早上我起来的时候，小屋里射进两三方斜斜的太阳。太阳他有脚啊，轻轻悄悄地挪移了；我也茫茫然跟着旋转。于是——洗手的时候，日子从水盆里过去；吃饭的时候，日子从饭碗里过去；默默时，便从凝然的双眼前过去。我觉察他去的匆匆了，伸出手遮挽时，他又从遮挽着的手边过去，天黑时，我躺在床上，他便伶伶俐俐地从我身上跨过，从我脚边飞去了。等我睁开眼和太阳再见，这算又溜走了一日。我掩着面叹息。但是新来的日子的影儿又开始在叹息里闪过了。

(4)主持人宣布班会结束。

此刻打盹，你将做梦；

此刻学习，你将圆梦！

惜时敬业，圆梦2020！

【设计意图】“21天效应”——帮助学生在四周的时间里养成珍惜时间的好习惯；每天督促，践行条约。这一活动真正地将设计落到生活实际中，经过四周的观察，学生能够很好地完成职责，90%同学能够做到：听到预备铃就坐好，提前准备好学习用品，学会了珍惜时间。

六、班会延伸

本次班会是“敬业”系列班会之一，通过“敬业”系列班会，希望学生可以形成专心致力于学业的良好的意识、习惯，并习得需要的方法。“敬业”系列班会的主题为：我与时间一起奔跑(珍惜时间)；仰望星空，脚踏实地(志存高远)；职来职往(初步了解职业)；有效学习(学会有效管理和利用时间)；精益求精(进一步提升)。

七、班会效果

1. 贴近实际，贴近学生。

2. 主题明确，一线贯穿：认知—感受—行动。

3. 团队合作，集思广益：本次班会，得到了我校很多领导、老师的大力帮助，比如主管学生工作的陈雪芬副书记、主管学生工作的刘云霞、年级主任李继琼、班主任工作室带头人王秀莉、心理中心主任李保松等。

4. 系列班会，体味敬业。

八、经验总结

对于班主任工作，我深深地感受到痛并快乐着！

班主任工作，是坚守，是陪伴，是引领……

看着精心设计的班会，引起孩子的共鸣，让他们有所领悟，看着他们每天一点点地进步，看着他们灿若春花的笑容，我瞬间就获得了极大的满足感，瞬间就充满了力量！

生涯——致敬中国航天，逐梦凌云壮志

一、班会背景

从“嫦娥”揽月，到“羲和”逐日、“祝融”驭火，再到“北斗”指路、“句芒”探碳……这是中国航天人用中国式浪漫开创的中国航天宇宙，从遥远的东方红开始，我们始终用自己独有的浪漫在无垠的太空不断探索。

1999 年 11 月 20 日，凌晨 6 时 30 分。中国载人航天工程的第一艘试验飞船——神舟一号，自酒泉卫星发射中心升空，并于 11 月 21 日凌晨成功返回。从那时起，中国成为世界上第三个拥有载人飞船的国家，中国进入了载人航天时代。

20 年后的今天，追忆往昔，依然有太多的故事、太多的细节值得我们回味。

了解中国的航天历程，感受伟大的航天精神，是中国青少年的必修课，也是为了使青少年了解国家航天探索的伟大蓝图，学习二十大精神，认识到国家发展和每一个中国人密不可分。在了解中国航天事业的发展中，致敬伟大航天事业，学习航天精神；也要让学生设立伟大的人生目标，要学生脚踏实地学习，坚忍努力地奋斗。我与学生一起设计了“致敬中国航天，逐梦凌云壮志”主题班会。

二、班会目标

1. 通过参观航天博物馆，学生了解航天探索的战略意义，认识航天探索与人民生活的密切联系。

2. 引导学生认识航天人，梳理他们的伟大航天历程，了解中国二十年来的航天探索，了解海淀区在中国航天事业中的发展贡献。

3. 引导学生了解航天知识，感受航天精神，树立自己的人生目标，指导学生的人生规划。

三、班会准备

1. 班主任准备

(1)组织班干部策划本次生涯规划班会的内容和步骤。

(2)通过学校联系海淀区北部航天城、航天博物馆、北京航空航天大学等活动地点以及能够为学生做分享的航天人。

(3)指导学生分享自己对于“航天故事”的感受，了解个人为航空航天发展做贡献的相关发展方向。

2. 班干部准备

组织同学们进行采访、搜集资料、整理资料等。

3. 学生准备

(1)查阅、搜集航天探索的背景资料，准备编辑文件。

(2)分享自己心目中的航天英雄，分享英雄的伟大精神对自己的人生规划的指导意义，准备编辑课件。

4. 具体准备工作

活动前，经班委会商议，班干部策划并将同学们分成“历史调查者”“原因探秘者”“发展见证者”“未来参与者”四个小组，并和组员们一起确定每个小组的任务。“历史调查者”小组负责收集中国在航天探索的起步背景和艰难的起步阶段的资料；“原因探秘者”小组负责介绍大国航天的意义；“发展见证者”小组负责梳理二十年以来中国航天事业取得的傲人成绩；“未来参与者”小组负责了解航天航空相关的科学专业。

任务确定好，四个小组分头进行准备，并将资料整理成 PPT，用通俗易懂的方式，介绍给其他同学。

四、活动方式

本次生涯规划班会课程活动以丰富多样的方式展开，旨在为学生提供一个深入探索航天领域并思考个人职业规划的平台。

1. 小组合作与研究性学习

学生分小组进行合作活动，选择研究主题，开展研究性学习。这一过程不仅让他们获得了宝贵的知识，还培养了沟通交流、理性思考与积极探索的能力。

2. 航天经验分享会

通过学校联系海淀区北部航天城、航天博物馆、北京航空航天大学等活动地点以及能够为学生做分享的航天人，邀请他们为学生讲述自己的亲身经历、生涯规划、奋斗过程、择业经历和遇到的困难。让学生在“过来人”的经历中学习经验、汲取智慧，为自己的生涯规划提供指导。

3. 航天文化体验

少先队员们致敬自己心目中伟大的航天人。观看百年以来中国航天事业发展的影片，感受中国航天事业的发展和进步。这不仅是对航天精神的致敬，更是对学生心中航天梦想的激发，鼓励他们为航天事业贡献自己的力量。

4. 职业访谈与规划

学生通过访谈航天人，全面地了解与航空航天事业相关的专业和选拔条件，明白了航天事业是每一位少先队员都可以为之努力的，很多同学对和航天相关的专业产生了浓厚的兴趣，深刻地感受到自己离伟大的航天事业其实并不远，只要肯努力，认真学习，将来也可以成为航天人。而另一部分队员们则通过对航天事业的了解树立了自己的职业目标，明白了不管选择什么样的职业，都要从现在开始脚踏实地，努力奋斗。

五、班会过程

1. 往事不沧桑

活动开始，同学们讲述了中国航天之路的艰难起步。

对于世界上绝大多数国家来说，太空技术看得到却摸不着，它属于人类科技树上最高的果子，是众多尖端科技的底层逻辑，打开太空科技的封印就相当于打开了未来科技升级的大门。在这个过程中不仅需要一个国家敢于投入大量的资金，还要拥有庞大的科技人才储备。

1970年7月14日，在东方红一号卫星成功发射不到3个月后，我国就已经开始了载人飞船的研制和航天员选拔，是为“714工程”，由钱学森同志亲自挂帅。

这艘未来被命名为曙光一号的飞船，正如地平线上的第一缕曙光，照亮了中国人心中持续数千年的飞天梦。然而当时的中国并没有足够的经费支持载人航天工程，这个工程一度被搁浅。20世纪80年代，我国航天飞机的研究项目再次被提上日程，可是航天飞机技术极为复杂，航天员逃逸救生困难，一个看起来微不足道的故障就能导致任务失败、航天员牺牲。1986年的美国挑战者号航天飞机，正是因为密封圈失效凌空爆炸，7名航天员献出了宝贵生命。

1992年9月21日，中共中央决定：我国载人航天工程正式上马，工程代号“921”。1994年，中国载人飞船的名字被命名为“神舟号”，意为“神奇的天河之舟”，是“神州”的谐音，象征着飞船研制得到了全国人民的支持，又有神气、神采飞扬之意，预示着整个中华民族都将为飞船的诞生而无比骄傲与自豪。

同学们不禁会问，航天发展这样困难，为什么国家会花那么多人力物力财力到航天事业上呢？为什么又有那么多的航天人前仆后继地走向了航天事业？

2. 大国航天，意义非凡

500多年前，西方的探险家、航海家离开了欧洲，面对极大的沉船风险，依然选择去探索未知的世界，好奇心和探索精神驱使着他们不断突破文明的疆界，从而开启了大航海时代，建立了强大的海洋帝国。

而今天，我们来到了一个新的时代——大航天时代。从国家安全层面来说，航天构筑起以侦察卫星、通信卫星和导航系统为核心的现代化防御支柱系统，赋予国家至关重要的战略预警、信息保障和威慑力量；而在文明维度上，它承载着人类最深远的求知渴望，通过深空探测器、空间望远镜和载人探索，不断叩问宇宙的起源、生命的奥秘和人类未来的疆域，引领我们向星辰大海进发。

载人航天是人类历史上最复杂的系统工程之一，其发展取决于整个科技水平的发展。同时，也影响了整个现代科技的发展，对现代科技的各个领域提出了新的发展要求，从而促进和推动了整个科技的发展。以国为重是航天精神的核心，航天精神高度强调爱国情怀，唤醒了个人爱国意识。航天事业能够提振民族自信，增强民族凝聚力，促进科学发展。

20世纪以来，飞机的发明和军事应用不仅催生了空军，也为陆军、海军插上了钢铁之翼。随着军用航天器的迅速发展，各种军用卫星、载人航天器、弹道导弹与反弹道导弹等空间新式武器形成了一体化的太空战场军事系统，并将在联合战役中发挥重要作用。自中国航空工业创建以来，完成了从飞机维修—引进生产—自主设计—自主创新的连续跨越，研制生产大量航空装备，有力支撑了国防现代化建设。航天事业肩负着维护国家安全、实现民族复兴的使命。

地球的资源是有限的。如果我们想要拥有长远的未来，就需要将目光投射到地球之外。仅月球上就有50多种矿物质，如硅、铁、钴、钛、镍、镁等，正是地球上需求最大的矿物元素。

既然大国航天意义非凡，那么在中国航天航空事业发展的二十年中，都取得了哪些成绩呢？

3. 仰望星空

从“两弹一星”到“嫦娥”问月、“北斗”指路、“天宫”揽胜、“天问”探火，再到“神舟”系列遨游苍穹。这是中国航天人一次次的突破、一步步的前进。中国航天人逐梦星河，每一分钟都在创造中国奇迹，每一分钟都在砥砺前行，每一分钟都在全力以赴，分秒必争，探索不止。“发展见证者”小组成员为大家梳理了航天新时代发展的时间轴。

第一步：1992—2005 年

中国通过先后发射无人和载人飞船实现了独立载人航天。1999 年 11 月，中国在酒泉卫星发射中心发射长征二号 F 遥一运载火箭，将神舟一号飞船送入太空。飞船搭载了农作物种子、中药材、菌株、旗帜、邮票和纪念封，以及一个 1.7m 高的男性假人。这是长征二号 F 运载火箭的首次发射和神舟一号飞船的首次测试，标志着我国载人航天发射流程已全部打通。2003 年 10 月，中国在酒泉卫星发射中心发射长征二号 F 遥五运载火箭，航天员杨利伟乘坐神舟五号飞船顺利进入太空。

第二步：2005—2017 年

中国载人航天工程通过多次任务取得了多项重大技术突破，为中国空间站的建造奠定了基础。

2008 年 9 月 25 日 21 时 10 分，中国在酒泉卫星发射中心发射长征二号 F 遥七运载火箭，航天员翟志刚、刘伯明、景海鹏乘坐神舟七号飞船顺利进入太空。9 月 27 日，翟志刚成功实施了中国第一次出舱活动。

2011 年 11 月 1 日 5 时 58 分，中国在酒泉卫星发射中心发射长征二号 F 遥八运载火箭，将神舟八号飞船送入太空。11 月 3 日，神舟八号与天宫一号成功实现交会对接，标志着我国已经具备航天器交会对接能力。

2016 年 9 月 15 日 22 时 4 分，中国在酒泉卫星发射中心发射长征二号 F-T2 运载火箭，将目标飞行器天宫二号发射升空。天宫二号是我国的第二个空间实验室，具备推进剂补加的功能，先后与神舟十一号、天舟一号对接，完成了航天员中期驻留、货运飞船提供推进剂补加等测试工作。

2017年4月27日，天舟一号与天宫二号成功完成首次推进剂在轨补加试验，标志着中国突破和掌握推进剂在轨补加技术，为空间站的组装建造和长期运营扫清了能源供给上的障碍，也标志着中国载人航天工程第二步的完成。

第三步：2020年至今

中国将实行多次无人与载人飞行任务以完成天宫空间站的建造。

2020年5月5日，长征五号B运载火箭在文昌航天发射场实施首射。火箭搭载了新一代载人飞船的原型与试验型货运航天器返回器。这是中国新一代空间站建设任务中的第一次发射，目的在于验证长征五号B运载火箭，为空间站舱段的发射打下基础。

4. 致敬英雄

少先队员们致敬自己心目中伟大的航天人："714工程"亲自挂帅的钱学森同志，克服困难，为国奉献；艰苦卓绝，默默奉献，中国人造卫星技术和深空探测技术的开拓者孙家栋；一生只干航天一件事的任新民；将自己的生死置之度外，中国太空第一人的杨利伟；追梦25年，时刻准备着的邓清明；脚踏实地，飞向太空的桂海潮……

5. 脚踏实地

"未来参与者"小组的同学，向大家展示想进航空航天领域工作，可以报考哪些院校和专业。

整体来讲，航空航天属于一个既庞大又复杂的工程类目，相关的专业可以大致分为四类。

航空航天类专业：飞行器设计与工程、航空航天工程、飞行器制造工程、飞行器动力工程、飞行器环境与生命保障工程、飞行器质量与可靠性、飞行器适航技术、飞行器控制与信息工程、无人驾驶航空器系统工程等。

材料类专业：材料科学与工程、高分子材料科学与工程等，简单来说，这类专业就是给航天员“做衣服”，造飞行器等工作的。

电子信息类专业：人工智能、通信工程等，航天器维修、采样、实验、通信等的处理系统，与电子信息类专业息息相关。

机械类专业：机械设计制造及其自动化等，航天器运行过程中我们看到许多的机械设备都离不开机械工程相关的学科知识。

目前开设了航空航天专业的学校有北京航空航天大学、西北工业大学、哈尔滨工业大学、南京航空航天大学、国防科技大学、北京理工大学等，都是在航空航天方面处于领军地位的高校。

航空航天类专业要求学生有很好的逻辑思维能力、学习钻研能力和动手能力。从所学的课程中也不难看出，航空航天专业普遍对数学、物理学的要求非常高，开设的课程也比较难。所以，数学、物理等科目成绩优异，且具有较强逻辑思维能力、钻研动手能力的学生更适合选择这类专业。

同时，小组成员们也为其他同学介绍了航天员的工作分工和选拔过程。

航天驾驶员：在空间负责操纵、控制载人航天器飞行。

飞行工程师：在空间负责载人航天器操纵、设备维修、检查以及出舱活动等。

载荷专家：在空间负责有效载荷的管理、操作、维修以及空间科学实验和技术试验等。

按照职业性，航天员还分为职业航天员和非职业航天员。职业航天员是指专门从事航天飞行工作的航天员；而非职业航天员是临时到太空工作或活动的航天飞行员，主要是从事某项科学研究、试验或载荷操作的科学家或工程技术人员。

基本选拔标准：男航天员身高要求162—175cm，体重要求50—74kg，女航天员身高要求160—175cm，体重要求48—74kg；学历在本科及以上；无不良嗜好；最近3年的体检均为“甲等”等要求，标准依旧严格。

航天精神不仅是对航天人的要求，还是一种我们每一位同学都应该学习和践行的伟大精神。

六、班会效果

1. 主题紧跟二十大精神和七年级的实际学习内容，同时与同学们的职业规划相联系，更加贴近生活。通过活动，同学们对自己的职业有积极长远的认识，生活和学习态度更积极，大大提高了同学们的学习动力。

2. 活动形式多样。活动充分调动了同学们的积极性。任务明确，同学们都可以动起来，使得活动感受更加深刻。

3. 学生在活动中分享自己心目中的航天英雄，角度多面，思考深入，培养了学生的思考能力，感受深刻。能够充分表达自己的情感。

4. 在活动中了解航天方向的专业学习方向和职业发展方向，为学生做职业规划、人生规划，树立奋斗目标。

七、经验总结

我国航天史宛如瑰丽的画卷，从荒芜的起点到璀璨的星辰，每一步跨越都凝结着航天人的汗水与智慧。他们面对挑战毫不退缩，以坚定的信念和无畏的勇气书写了从无到有、由弱变强的壮丽篇章。在现实生活中，我们同样会面临各种困难和挑战，因此，希望学生们能够汲取航天精神的力量，在成长的道路上树立远大目标，争做新时代的杰出青年。

开展生涯规划教育，让学生从他们的内部需要出发，帮助他们跟未来建立连接，引发他们掌控未来的欲望，培养学生的社会责任感。挖掘学生自身资源与潜能，使其保持对学习的热情并激发学习动机。这需要社会、学校、教师、家长和学生的共同探索与努力。

在“致敬中国航天，逐梦凌云壮志”的主题班会中，丰富多彩的活动，为学生提供了一个深入探索航天领域并思考个人职业规划的平台。学生展现出极高的热情。在分享环节，学生们积极分享航天员的英勇事迹、中国航天事业的辉煌瞬间。在讨论环节，学生能够结合自身的观看感受，畅谈对航天精神的理解，深刻领悟“理想坚定”“勤奋好学”“刻苦钻研”等品质的重要性。在体验环节，学生在活动中了解航天方面的专业学习方向和职业发展方向，为学生做职业规划、人生规划，树立奋斗目标。这不仅有助于他们从小树立远大理想，也为他们的人生道路指明了方向。

秉承“人生规划要趁早”的理念，以“致敬中国航天，逐梦凌云壮志”为主题，依托丰富多样的班会活动，挖掘、整合校内外资源，多方引导，唤醒学生的生涯意识，引导他们自主进行生涯规划，让规划助力未来发展，为学生的幸福人生奠基。

第四篇

知行共生，活动润心

——师生共育的实践哲思

纸上得来终觉浅，绝知此事要躬行。

——陆游《冬夜读书示子聿》

教育箴言启示我们“知者行之始，行者知之成”，当班级活动的“知”与“行”真正交融时，教育的生命力才得以绽放。班级活动是师生心灵相通的纽带，更是品格养成的沃土。鲜活的班级活动不仅能让班级更有温度，还能激发出学生自主成长的力量。如果教师能将活动精心设计成育人课程，那学生将不再是旁观者，而是创造故事的主人，他们将在真实的矛盾中思考，在协作中感受并理解差异，在价值观的碰撞中学会担当。本章的案例从“认知跃迁”“身体觉醒”“价值共生”三重跃迁的维度生动诠释了班级活动的深层教育价值——在“成事”中“成人”。

认知跃迁：对话性实践——在观点交锋中形成批判性思维的认知框架。

身体觉醒：沉浸性体验——借助具身学习场转化抽象知识达成身心整合。

价值共生：仪式性生长——通过仪式将个体叙事升华为共同体精神基因。

没有刻板的说教，只有生命与生命的相遇。比赛时的火花可以变成反思的契机，野外采摘可化作自然教科书，栋梁精神亦能落脚于日常点滴的温暖，自律、责任、坚持的品格就这样伴随班级活动扎根在学生心底。这种在“成事”中“成人”的智慧，是教育最本真的模样，而每一位教师都可以是这场成长的导演，在看似平常的活动中，书写不平凡的教育诗篇。

批判性思维养成记

新学期，我接任了一个新班级的班主任。在开学典礼上，我班幸运地抽中一次“观摩跑操”的机会，即在本学期任选一天，全班学生可以一起上看台，观摩全校师生跑课间操的盛况。在一个我外出培训的上午，班里有学生提出使用这次权限，这一提议得到了部分同学的肯定，也得到了个别同学的反对。于是，班长与几个班干部组织大家举手表决。最终，少数服从多数，全班学生集体走上看台……作为班主任，如何抓住教育契机，进行一次富有成效、润物无声的班级教育活动呢？

一、活动目标

1. 通过畅所欲言环节，学生针对该事件大胆自由地表达自己的想法和观点，同时学会倾听。

2. 通过有理有据环节，学生对自己及同伴的观点多方求证，进行客观公正地分析与评估，并不断修正自我观点。

3. 通过我和我们环节，学生能够超越自己之前的认知，产生新的、更为完善的认知，并制定班级班训。

二、活动准备

1. 准备观摩跑操的现场照片或视频。

2. 提前了解部分同学及班干部的想法，做好对话的准备。

3. 准备能够体现集体力量的图片或文字。

三、活动过程

1. 畅所欲言——理解和表达

理解和表达是进行批判性思维的第一步，是指对于客观情况下的各种情景或者事件，人们能够表达自己的思考、想法和观点，并能够倾听、吸纳其中的内涵、规律或者原理。

在这次活动的一开始，我先亮出一张全体学生在看台“观摩跑操”的照片。这是前一天隔壁班级老师拍了发给我的。我不带任何倾向或评价性的语言，表示只是“很想了解事情的经过”，鼓励同学们大胆自由地表达自己的想法和观点，做到畅所欲言。

小星同学率先发言：“昨天我们体育课训练强度太大了，导致今天很多女生腿疼，我们担心跑操难以坚持，所以提出能不能使用权限观摩跑操。”很多女生纷纷点头，这个发言似乎说出了女生们的心声。

体委说：“当然，我们也担心您不在，大家可能跑步跑得不齐，还不如上看台观摩更安全。”体委确实说出了自己和部分同学的顾虑。

班长说：“老师，我觉得大家说得都有道理，但是这事儿也不是我自己说了算，所以我和其他班干部商量了一下，决定让大家举手表决。”看上去，班长的决定没有问题，有民主决策的意识。

小祎同学说：“老师，我本来不是很赞成这个做法。但是举手表决时，我看到同意观摩的同学比较多，所以我也跟着举手了。”接着，有几位同学随声附和。

大家七嘴八舌表达了自己的真实想法，倾听了其他同学的不同想法。我的心里有了初步的判断：看来，提出观摩跑操的同学也是“事出有因”；在决策过程中，学生并非没考虑到我的感受，而是有自己的担忧；还有一部分同学，属于随波逐流，跟风举手。但此时，作为班主任的我并没有做出任何评判。因为当学生提出自己的观点后，班主任不宜对观点做出主观的评判，而应悬置判断，鼓励学生多方求证，也允许学生在倾听他人发言后修正自己的观点。于是，我引导学生继续讨论，进入下一个阶段。

2. 有理有据——分析和评估

从批判性思维建立的过程来看，对于客观事实以及某些主观意愿，光有理解和表达是不够的，还需要有客观公正的分析和评估，要多方求证，综合考量。在分析过程当中，逻辑思维和理性能力尤为重要。

进入分析与评估阶段，我先提出了一个假设："如果我们没有这次观摩跑操的机会，我们会怎么办?"这个假设是引导学生换一个视角，进一步思考之前的认识和想法是否真的客观。

小方同学发言："老师，女生总是感觉体育课训练强度大，或许正是缺乏锻炼的表现，更应该坚持跑操锻炼身体。"这次，男生开始纷纷点头，看来多数男生并不认同"因训练强度大而上看台"这一观点。

女生体委小琳说："大家对体育课强度的感受因人而异，说实话，这与我参加田径训练的强度相比，差得远呢！但从体育考试的要求来看，我觉得这个训练强度还是合适的。"看来女生当中也并不是所有人都认同"训练强度大"的观点。

纪律委员小薇说："如果没有这次观摩跑操的机会，我们就不会有侥幸心理，踏踏实实去跑操了！所以，认为体育课训练强度太大，就是不想跑操的一个借口罢了。"有些同学陷入沉默。此时，我也表示了质疑："既然如此，为什么在决策之前没有听到反对的声音呢?"

小薇想了想说："其实大家担心老师不在，跑不好操，说到底就是因为不能做到自律，或者人人都自律。这样看来，上看台观摩并不是解决问题的办法。"小薇似乎说出了问题的关键所在。

班长沉思片刻说："当时时间紧迫，我确实没有想那么多，也没有让大家充分表达观点，分析论证，就举手表决了，现在看来确实有些草率。没有办法征求老师的意见，我心里一直不踏实。"班长能够根据大家的观点复盘自己的决策，反思自己的行为，难能可贵。

小曾同学说："以后咱们做决定要慎重，方方面面都要考虑到。最好能和老师商量商量。如果班主任不在，和隔壁班的老师商量一下也好，毕竟老师会考虑得更周全一些。不能人云亦云，更不能盲目做决定。"

经过分析和评估，同学们对于问题如何得到更妥善的解决，如何科学做决策都逐渐清晰起来。大家允许不同的想法互相碰撞，有理有据，逻辑清晰地来论证观点，更可贵的是同学们拥有了不断修正自我观点的意识与勇气。

我在认真倾听、理解、分析评估这些信息之后，这样说道："我对部分同学的身体特殊状况表示理解，对大家的普遍担心也认同。这说明在遇到问题的时候，大家能够考虑到班级的整体状况，希望班主任不在的情况下，大家能有很好的表现，这个出发点值得肯定。"当说到这儿，我看到有的同学眼睛里有了光。我接着说："任何一个决定考验着大家的智慧，也体现着一个班级的凝聚力。在讨论的过程中，我看到了大家的坦诚与包容，也看到了大家的理性与自省，我相信，大家已经从刚才的对话中找到了答案，这或许就是这次对话最大的意义所在。"

在分析和评估阶段，班主任要能够引导学生转换视角，重新审视问题产生的根本原因，引导学生在有理有据的分析与论证中逐渐触摸到问题的本质。当大家经过分析得出结果之后，班主任就要对其进行评估。评估要做到客观公正，对表面描述和内在逻辑关系都要有一个整体性的批判性评价。这样就水到渠成，进入到下一个阶段。

3. 我和我们——超越和重构

批判性思维的最后一个阶段是超越和重构，这是基于前面两个环节之后的一种更高层面的生成，而要避免就事论事的争辩。

我设计这个班级活动的初心并不是让学生讨论这件事孰是孰非，而是期望在新班级建设之初，大家能够通过这样一场对话，建立对新班级的认识与期待。于是，我提出一个建议：为我们的新班级制定班训。此时，学生们的思维已经活跃起来，大家纷纷建言献策。

小苏同学说："从刚才的讨论中，我发现自律特别重要，不仅学习要自律，体育锻炼也要自律，不给自己的懒惰找借口。"

小飞同学说："我们都想拥有一个优秀的班集体，而优秀不是老师在的时候才优秀，而是看老师不在的时候是什么样子，随时随地保持优秀，才是真优秀。"

小艾同学说："我希望我们每个人都能够认真对待学习和生活，认真对待每一个问题、每一次成长，认真的人是最美的。"

班长说："不管是自律、认真、优秀，都不是一个人的事情，需要大家集体努力才行。"大家的讨论逐渐丰富了我们对于"优秀班集体"的认识，饱含了我们对一个新班级的美好期待。

经过一番讨论，学生们已经超越了之前的认知，能够站在更高的层面建构对一个"新集体"的认知。正是在这种平等与尊重的对话之中，我们一起制定了新班级的班训：认真是一种态度，优秀是一种习惯，"我"好，"我们"才会更好！正如学生所说，只有随时随地保持住好习惯，才能称之为"优秀"，要想"我们好"，必须每个人都做到"我好"。大家对"我和我们"也有了生动深入的认识。最后，我说："一个心中有集体的人，一个随时随地保持优秀的人，才能逐渐走向理性，从'小我'走向'大我'，希望你们真正成长起来。"

这样的一番对话，或许比简单的批评或表扬都更能唤起学生自我反思的意识，激起他们对新班级的热爱。从感性选择到理性思考再到发自内心地认同，正是学生建立批判性思维能力的过程。

经过超越和重构，人们会发现自己最初的认识可能是合理的，但并不是唯一的、不可变更的。我们需要学习倾听和吸纳他人的观点和论据，当有新的论据出现时，结论是可以变更和修正的。

四、活动效果

1. 经过理解和表达、分析和评估、超越和重构，学生学会理性地认识问题和解决问题。

2. 经过批判性对话，集体制定了班训，并张贴在班级墙壁上。

五、经验总结

1. 环节清晰，坚持原则。通过理解和表达、分析和评估、超越和重构三个环节，实现了“以富有成效和相互尊重的方式对话”，这正是批判性思维的基本原则。

2. 一以贯之，不断完善。批判性思维的建立需要持之以恒，今后开展班级活动或者处理班级事务，都可以遵照这些基本环节来开展，并不断修正与完善。

3. 知行合一，面向未来。批判性思维是一种思维方式，最终要落实在学生的行动上，达到知行合一才是真正落实批判性思维。

《可见的学习》一书指出，学校教育最重要的目的之一是发展学生批判性的评价能力，即培养乐于接受挑战的公民，使他们有能力在这个复杂世界成为一名活跃、能干、深思熟虑的批判性公民。可见，拥有批判性思维，是学生面向未来应该具备的思维能力；培养学生的批判性思维，是班级及学校应该重视的教育目标之一。作为一名班主任，我会不断尝试运用批判性思维来建设自己的班级，在探索中创新，在反思中前进。

一起上山找“野菜”

伴随《中华人民共和国家庭教育促进法》的落地实施，为了更好地培养下一代，实现教育效果的最优化，学校成为公众期待的“家校社联盟”的引领者。越来越多的家长开始参与孩子所在学校学生学习和实践活动的指导，即在学校常规课表以外，依据学生的兴趣爱好和需求，家长根据自身专业或资源优势，以自愿报名的形式，参与学生课外辅导、研学、社会实践等活动的设计、组织、实施和服务，践行家校合作共育行动理念，构建协同育人教育生态。

一、活动目标

1. 认知目标：识别沿途能吃的“野菜”，了解植物“有趣”和“有用”的方面。

2. 能力目标：增强学生的人际交往能力，以及野外生存能力，能利用植物生成有个人特色的艺术创意。

3. 情感、态度和价值观目标：增进学生对自然的亲近感，增加生活情趣，以及学习生物的热情。

二、活动准备

1. 依据班级人数划分小组，确定组长。

2. 提前考察生态环境，确定活动线路，对沿途“野菜”提前定好位，做好记录，查阅资料准备好介绍内容。

3. 准备 40 个“生僻字”(每人 1 个)及其简要解释(注意，单字要大，解释文字要小)。提前给每名同学分一个字，要求该名同学弄通弄懂这个汉字，用胶条将这张打印了字的纸醒目而牢固地粘贴在自己的书包上。

4. 将“生态画材料包”“食品和水”等服务项目的工作分配到人。

三、活动过程

1. 热身活动：“一字”书包，“一字”之师

每名学生背着“一字”书包出行，书包上有 A4 纸打印的大大的生僻字(“兲”“嫑”“嫑”“槑”“孬”“烎”“夯”“寋”“尛”“奣”“嘦”“旨”“逮”“嘂”“怹”“巭”“嘐”“烎”“羴”“嬲”“燚”等)。学生随时准备回答过来问字的同学、老师或家长，此行为贯彻全程。

2. 主题活动：“神兽”找野菜，从地上找到树上

(1)活动内容

①小组领队专家，沿途介绍植物，比如“这个的叶子能吃”“这个的种子可以当飞镖玩”“这种植物的根茎可以做中药”……

②带领学生现场识别“荠菜”“地黄”“蒲公英”，树上的“榆钱”“槐花”等可食用植物，强调其性状特征。

③组织学生边走边找，帮助学生判别、确认他找到的植物是不是标的植物。带领学生现场体验、感受植物的价值。

④领队专家解答学生好奇的植物。

(2)活动设计

路线：香山—西山森林公园。

同学们生活中见到的植物很多，但很少特意去关注，主要是因为跟大家的生活相关不大。为此，特意请植物专家提前踩点，先从“好玩的”植物入手，再过渡到“能吃的”，将植物亲民性的特点充分放大，通过直观体验激发学生对植物的兴趣。

(3)活动过程

一边爬山，领队一边介绍提前熟悉过的植物。

①预热：从“植物的有趣方面”入手，吸引学生对植物的兴趣。

在本线路，领队教师可以沿途介绍“春夏秋会大换脸”的二月兰、“种子可以当飞镖”的婆婆针、一碰树皮就像“被挠痒痒”而树干乱颤的紫薇、“籽能弹好几米远”的喷瓜、“可以涂指甲”的凤仙花、长得像双胞胎的“枫”和“槭”……一边介绍，一边示范，让学生在体验中感受不同植物“花”“叶”“茎”“根”“果”等不同部位有趣的特性和趣用，增强学生对植物的兴趣。

②带动：顺便介绍一些“外来入侵植物”，如“加拿大飞蓬”“月见草”“钻叶紫菀”等，告诉学生，这些植物“跟加拿大一枝花类似，属于外来物种，此花开罢百花杀，对西郊本地的植物和生态带来不良影响，可以拔了它”。带领学生积极参与“拔草行动”，增强学生的参与感。

③重点：介绍沿途5种可食用植物“地黄”“蒲公英”“荠菜”“槐花”“榆钱”，重点说明这几种植物的性状特征。

师：一种紫白色的花，长在地上的，比喇叭花的花托长，花冠更小，也叫喇叭筒花。对对，就这个，大家过来看看，这个东西叫地黄。

(学生来观摩地黄)

生1：老师，这个是六味地黄丸里面用的地黄吗?

师：是这种植物，但中药里面用的是这种植物的根茎，不是这花。

生2：哦，那这么说都是这植物上长出来的咯?

师：对，今天来跟大家讲讲这花。请大家摘一朵地黄花，把中间的芯抽出来，用嘴抿一抿。怎么样?是不是有点儿甜?对了，这就是我要告诉你们的，这花是能吃的。

(学生找地黄花，舔花蕊)

生3：嗯，真甜，好吃。

师：不只地黄能吃，长在地上的“蒲公英”也能吃。

生 4：我知道我知道。我知道蒲公英，白毛毛那个，但是它怎么吃？

师：我们不吃那个白毛毛，我们吃的是白毛毛的妈妈，匍匐在地上那个。

（学生找蒲公英）

生 5：老师，是这个不？还没长出小白伞的蒲公英？

师：对对，你真厉害！这就是蒲公英。有的会开出黄色的花。这是年轻的蒲公英，可以做凉菜。它的根茎和叶子，还可以泡水喝，但微苦。

（学生继续找蒲公英）

生 6：那我认识了，老师。这个也是蒲公英吧？

师：还真挺像蒲公英的。但这个是蒲公英的亲戚，叫“荠菜”。你们看，这荠菜的叶片和蒲公英的叶片比较一下。

（学生比较蒲公英和荠菜）

师：荠菜的叶片边缘锯齿状明显，而且要窄长得多。你们把叶片从中折断看看，对对，就这样，蒲公英的叶片折断后，中间有白色的乳汁液体，荠菜没有。你们再用鼻子闻一下，对对，荠菜有一股清香，蒲公英有一股微苦的味道。你们看那边，发现了吗，那个也是荠菜，荠菜开出的是簇状的白色小花，蒲公英开出的是一朵黄色的大花。

（学生试做）

师：现在知道荠菜和蒲公英的区别了吧？还有一种花，大家可能都听说过，叫槐花，也能吃。

生 7：我知道，我们学校门口的林荫大道上都是。每次下雨，会掉落一地。

师：那槐花长什么样我就不介绍了。我们可以去找找槐树。

（学生找槐树）

师：槐花可以做汤、做馅料、做饼，蒸着吃、炒着吃都行。还有一种吃的，也在树上，叫榆钱，大家跟着我去认识认识榆钱的妈妈——榆树。

（学生跟着老师找到榆树）

师：这一串串缀满了枝头的黄绿色的小东西就是榆钱，你们看像不像古代的钱币？这个也是能吃的，我撸一串给大家尝尝啊。

（老师摘下一串榆钱，水洗毕，每名学生发了几薄片，大家尝了尝）

师：榆钱是榆树的翅果，因其外形圆薄如钱币，故而得名，又由于它是“余钱”的谐音，因备受欢迎。它可以生吃、做馅、煮粥、笼蒸、做配菜。现在的研究表明，榆钱果实中铁的含量是菠菜的 1 倍，钙含量是菠菜的 3 倍，而且，榆钱中不含草酸，它健脾益胃，清热安神，能降低血糖和胆固醇。现在很受欢迎。

生 8：老师你太棒啦！再帮我们撸点儿榆钱吧。

师：适可而止，你们尝过就成了。其实，从地上到树上，还有很多好吃、能吃的。大自然才是最好的母亲，它给予我们各种生活物资。我们要感谢它。

(4)活动要点

①建议 4 月下旬出行。要求提前踩点。

②领队家长最好是生物学或植物学专家，也可以是生物老师。

③要点和难点是教会孩子识别老师示范的可食用的植物，帮助学生判定他们找到的植物是不是标的植物。

(5)结束活动：森林宴会——这是我的菜

请大家在一路找一路吃的过程中，选一种自己喜欢的可食用的植物，摘取其“茎”“根”“叶”“花”“果实”“种子”中的一种，再从周围环境中选择草、叶子、枝条等作为自己生态画的辅助材料，制作《这是我的菜——生态画》。要求有自己的创意，突出植物特点，标注个人姓名。

四、活动效果

学生和家长对该活动的体验都很好。学生不仅在活动中锻炼了身体，在与同学“生僻字”的交流中增进了互动，愉悦了身心，还收获了很多植物学知识，深刻感受到植物“茎”“根”“叶”“花”“果实”“种子”的魅力，深入体会到植物世界的各种神奇，认识了地上长的“地黄”“荠菜”“蒲公英”“槐花”“榆钱”5种可食用的植物，增长了生存技能，增强了对植物、对自然的探究兴趣。

五、经验总结

本次校外活动的设计都很精巧，基本上“拿来就可以用”，可借鉴性强。

1. 本活动一条暗线“生僻字”，一条明线“找野菜”，两条线协同激发团体动力。

2. 本次活动的暗线“生僻字”书包活动，激发了学生的好奇心，增加了学生间的互动，拉近学生间彼此的心理距离。这是多种户外活动都可以用的设计。

3. 本次活动的明线“找野菜”，通过“专家带路”活动，增加学生对植物的了解和对自然的亲近。其实，各行各业都有自己的专家，我们把“找野菜”主题换成活动领队擅长的主题(如采风作文)，本设计一样可以迁移。

4. 通过“这是我的菜——生态画”展示活动，引导学生发挥艺术创意，增加生活情趣，热爱大自然。

5. 家长是不可忽视的力量。很多家长是各领域的专家，除了帮孩子背水、背包、运材料外，他们可以发挥更为积极的作用。但要想让更多学生受益，需要学校去做家长工作，动员其积极参与到学生群体的科学素养培养和实践创新能力锻炼上。

6. 现场要充分听取学生活动过程中的感受，鼓励学生分享。在“生僻字”互动、找“野菜”和“生态画”制作成功后，当时当地学生生发的体会是最真实、最有成长性的教育契机，鼓励学生先小组内交流，再全班分享。

家校社共育是趋势也是未来，一名优秀学生的培养，一定需要汲取多方力量，学生才能发展得最好最快。家长与学校有共同的育人目标，积极招揽家长，发挥其优势和才能组织研学活动，在教育资源整合、家校合作融通、多样化增值化育人方面有积极意义，期盼更多的家长能走进学校发光发热。

“走近栋梁，走进栋梁”班级主题活动

“栋梁”是什么？是国家和社会的重要支柱，即有能力承担重大责任的人才，但这个概念对于学生来说是很抽象的。为了让学生理解和内化这一概念，最终成长为国之栋梁，我们开展了“国之栋梁”系列活动。该系列活动分为两大篇章：意识篇和实践篇。本次活动属于意识篇，旨在通过为期两个月的活动，帮助学生深入了解“栋梁”的内涵，形成正确的价值观和使命感。

一、活动目标

1. 通过“走近栋梁”活动，寻找生活中的栋梁，具象化栋梁，树立榜样。

2. 通过“走进栋梁”活动，深刻认识什么是栋梁，从平凡中铸造伟大。

3. 通过“达成共识”活动，班级学生对栋梁达成共同的认识，形成班级文化，为实践篇“成为栋梁”奠定好基础。

二、活动准备

1. 推荐关于名人、大国工匠、榜样人物等相关链接。

2. 三个活动要有不同的执行人推进活动，准备好总体时间推进表。

3. 准备好书签展板。

4. 准备好每日一讲的时间。

5. 准备好投票等相关用具。

三、活动过程

1. 走近栋梁

辅导要点：教师讲解国栋班的来历，鼓励学生积极投入。

活动时间：为期一个月。

活动内容：

(1)每个同学用一周的时间看书，浏览网站，听长辈讲然后去找到栋梁，让他们成为自己的榜样。

(2)把自己找到的榜样，做成书签，把你认为有所感触的话写在书签上。制作时间为期一周。

(3)所有的书签贴在板报上，展览一周，选出大家最认可的榜样，由同学来详细讲解，并且选出身边的榜样。

小颖同学：化学科代表，认真负责，统计作业速度快，主动询问老师作业，及时布置给同学们。当同学们有不会的问题时，她总会给出细致严谨的答案。疫情防控期间，无论同学们问问题时间多晚，她都会抽出时间及时回复，为了让同学明白，她将每一步的过程都用文字打出，将主要思路写在纸上拍给同学。用自己的优势学科帮助其他同学学习。课堂上她专注认真，为班级营造良好的学习氛围，课间带动同学讨论问题，共同进步。她学习态度端正，耐心解答同学们的问题，起到带头作用，是咱们班的榜样学生。

小义：班长，尽职尽责，主动积极地承担班中事务，他严于律己，在学习做事上严格认真，态度积极，宽以待人，对待同学们十分包容，和大家打成一片，所以说榜样就在身边，我们也要向他多多学习！

(4)教师总结。

我们走近了栋梁，大家选的榜样，一是他们在自己的领域做到了卓越，更重要的是他们让我们的社会进步了，让我们的生活幸福了。

2. 走进栋梁

辅导要点：教师引发学生思考栋梁到底是什么，我们和他们的差距在哪里。

活动时间：为期一个月。

活动内容：

(1)每个同学每天在班级总结的时候，做好PPT，讲解自己对栋梁的理解。

小今：关于栋梁，我认为栋梁既是在社会这个“大家”中的栋梁之材，也是支撑“小家”甚至自我的精神支柱。我们要像那天王老师所说的那样，要先学会爱自己，成为自己的栋梁，进而再继续深入相关领域，探索成为社会的栋梁。一天，我看一档节目时有一个论题“终其一生平凡，你会后悔吗”。面对着这个论题，又想起我们要成为国之栋梁这一远大目标，心里不禁感慨万千。我们只是一个平凡、普通的人，努力地解着一道化学题，绞尽脑汁思考数学作业……这样普通的我们……但是换个角度想，栋梁，其实也不过是个普通人，他在自己领域，抑或进入社会中在自己岗位上忙碌着，默默为社会的运转而成长为“栋梁”。我们或许平凡着，但终其一生我们自信认为是不平庸的。这便是“栋梁”。

小昕：修身，做个三观正、有能力的人。齐家，指家庭、生活，也指社会，不一定像新闻中那样见义勇为才算，更重要的是是非黑白拎得清，成为社会正气的一份子。治国，爱国爱党，如有余力则尽力在自己的领域发光发热。

小宇：不论何时、何地，有发展就有矛盾与斗争，从矛盾与斗争中汲取营养，是成长的必经之路。我们可能会生来平凡，但绝对不能平庸。不论什么样的“才”，才之有用，就是国之栋梁。一个人的世界远大于自己，抛却自私，为建设非凡国家献出自己的力量！

小政：因为从小在部队院里长大，多少对部队有些情感，我对“国栋”

最开始的理解也源于军人，作为这个国家的顶梁柱，他们不畏艰难险阻，经历风吹雨打，守卫每一寸土地，总能在人们最需要时第一时间出现，做人民最坚强的后盾。虽然我不一定能做到像他们那样伟大，但我会尽力以此为目标要求自己。不能长成参天大树做栋梁之材，不妨是一棵小草为春天献上一丝新绿。

小川：故宫的金丝楠木柱子由无数个体组成，平凡而不平庸。

小一：是支撑的顶梁柱，我们需要做到一个领域里面的顶梁柱，希望我们班同学汇聚在一起可以撑起一大片“天空”。

小菲：建造房屋的大树，负担国家重大责任的人，能负担得起自己的人生的人。

小娜：在我看来，国家栋梁就是一个国家的顶梁柱，它是最粗最高的一根柱子，它决定了天花板的高度，何为国家的天花板？军事，科技……很多很多方面，它们的高度决定着中国在世界的地位，决定着中国力量。(军人，科学家……)其实不止他们是国家栋梁，在平凡、普通的岗位上，做到最好，做得不平凡就都是国家栋梁。

小璇：国家需要各种各样的人，国之栋梁就是在各行各业能够发光发热的人。我永远相信热爱的事物是可以使我们发光的，前提是要付出努力和行动。每一个人步入社会后终将扮演不同的角色，拥有不同的使命和责任，只要做好自己本职工作的人，做好自己该做的事的人，就是国家栋梁。

小花：顾名思义，国栋就是国家的栋梁，也就是能担当国家重任的人才。“苟利国家，不求富贵。”(《礼记》)意思是：如果对国家有利，就不去计较个人的得失。

小树：为国家的未来铺路搭桥的人。有过硬的本领，有承担的勇气，有超常的抗压能力，有遇事不退缩的担当，平凡的肩膀上，担起了不平凡的责任。

小晨：①房屋的正梁。《柳毅传》："雕琉璃于翠楣，饰琥珀于虹栋。"《阿房宫赋》："使负栋之柱，多于南亩之农夫！"②代指房屋。成语有"汗牛充栋"。③比喻担负国家重任的人。《国语·晋语》："太子，国之栋也。"

小溪：本义是国，国家。栋，能做房屋大梁的木材。引申义可以理解为有能力的人能不辞辛苦，不避讥嫌，可以担当重任，做国之栋梁。

小诺：穷则独善其身，达则兼济天下，从自己做起，从小事做起，在自己的岗位做到最好。

小涵：不光能够影响身边的人，而且能够扛起社会责任。

(2)教师总结。

我们走进了栋梁，我们虽然平凡，但是我们拒绝平庸，在我们平凡的岗位上做到最好的自己，为大家提供最好的服务。

3. 达成共识

辅导要点：每个人心中都对栋梁有着自己的见解，我们一起达成共识。

活动时间：为期一周。

活动内容：

(1)设计班徽，大家最后确认。

班徽1：这次的班徽设计灵感来源于"国之栋梁·非凡二班"的名称中"栋梁"与"非凡"两个关键词以及"梁"字的意象，围绕徽章里侧的分别是顺应曲线化的"栋""非""凡"三字，左下角用一个房梁的剪影标志代替了"梁"字，使画面更加充实丰富，合起来是"栋梁""非凡"两个关键词，而这两个关键词也是对孩子们的期望，除此之外右下角外侧也是曲线化的国栋班。

"栋梁"原本指屋顶最高处的水平木质横梁，支撑着整个房屋的顶部，现在也被用来比喻能够担负国家重任的人。刘义庆所著的《世说新语》中曾提到："森森如千丈松，虽磊砢有节目，施之大厦，有栋梁之用。"每个人都并非完美的梁木，但只要施以恰当的打磨，把他们放在正确的位置上，便都能成为国家之栋梁。就像高耸入云的千丈青松，虽然圪节累累，可是用它来盖高楼大厦的时候，还是可以用作栋梁的材料。

班徽2：雨燕的图案，象征着同学们积极向上、自信拼搏的精神，要成为国家栋梁。像雨燕一样具有不畏困难、自信阳光的精神品质。而雨燕下方的海浪图案，则象征着同学们高中三年和将来的人生路上所面对的艰难险阻，愿同学们勇敢拼搏，全力以赴，不负自己。由黑色羽毛组成的爱心图案象征着同学们对自己，对他人，对集体，对国家的爱。同时爱心右侧部分可看作一个阿拉伯数字2，因为国栋班的班级序号是高一(2)班，意为团魂永在，相聚是缘，相知是愿。

(2)确定我们的班训和行为准则，都有着栋梁的影子。

2019级：国之栋梁，温暖二班，非凡(2)班。

2022级：知言养气，温暖二班，飞瞳一般。(“知言养气”出自《孟子》，表示会分辨别人的语言、品格等，并修养自己的品格。)(“飞瞳”出自《咏马二首》“紫云团影电飞瞳”，表达了作者想为国家立功，也期待孩子可以成为国之栋梁!)

行为准则：做事合法合情合理，做人铸己爱班强国。

(3)教师总结。

我们现在是意识篇，下一步就要走到实践篇。

2023年和学生们一起：做事合法合情合理，做人铸己爱班强国。

完成新的“四个一”：找到一个不将就的大梦想；养成一个终身受益的好习惯；达成一个让自己骄傲的小目标；完成一件让班级觉得幸福的事。

四、活动效果

1. 同学们明白了什么是栋梁，都有了成为栋梁的意识。2019级学生，分班摸底时，仅有4名学生达到了一本冲击预估分数线，但到高考时，实际进入一本院校大门的学生有17位。2022级的学生们即将面临高考，我坚信他们也能再创辉煌。

2. 同学们更温暖，在节日、生日都送来他们对老师们的祝福。

3. 同学们之间也更有爱，互赠新年贺卡。也更爱自己的父母，为父母办了歌会。

4. 同学们也深深地爱着我们的祖国，在建党百年华诞大家排成心形祝福祖国。

五、经验总结

1. 从“走近”到“走进”，让孩子们真的有了“自觉成为栋梁”的意识，再到实践中让孩子们充满“成为栋梁”的动力。这个活动的逻辑顺序很好，符合学生的认知。

2. 在“走近”这个环节中如果再加上请一些栋梁来给孩子们讲一讲的环节，“现身说法”会更让孩子们肃然起敬。

3. 在“走进”这个环节，当每个孩子讲解自己所理解的栋梁的时候，应该再加上他准备如何做，这样很自然地从“有意识”到有详细的实践和做法。

作为新时代的教师，为党育人，为国育才，是我们的使命，让我们和学生们一起成为新时代的栋梁！

让梦想照进现实

——“禾下乘凉　覆盖全球”少先队活动课

“共和国勋章”获得者、中国工程院院士、国家杂交水稻工程技术研究中心主任袁隆平，因多器官功能衰竭，于2021年5月22日13时07分在长沙逝世，享年91岁。民以食为天，袁隆平爷爷一生都在与水稻打交道，致力于解决中国人民的粮食问题，心心念念的梦想是“禾下乘凉”。

为了向袁隆平爷爷致敬，系统了解袁隆平爷爷的事迹，更好地学习袁爷爷身上的动人品质，践行袁隆平爷爷的理想，我与队员一起设计了“禾下乘凉　覆盖全球”少先队活动课。中队的六个小队各有分工，我们共同呈现了一堂精彩的活动课。

一、活动目标

1. 加深认知：通过讲故事、表演、改编歌曲、有奖问答等环节，队员们加深对袁隆平爷爷生平及动人事迹的了解，了解袁隆平爷爷的两个伟大梦想——“禾下乘凉梦”和“覆盖全球梦”。

2. 关注情感：引导队员积极向袁爷爷学习，学习袁爷爷身上优秀的品质——坚持不懈、不畏艰难、勇于追梦、敢于圆梦、锐意进取、勇于创新等，更要学习他的爱国情怀。

3. 指导行为：通过写心声的形式引导队员把本节活动课的认识和收获固化下来，树立自己的梦想，为达成“人类命运共同体”贡献自己的力量。

二、活动准备

1. 辅导员准备

(1)组织队干部策划本次少先队活动课的内容和步骤。

(2)指导队员查阅、搜集袁隆平爷爷相关事迹资料。

(3)指导队员设计活动课的海报。

2. 队员准备

(1)按照小组分工进行相应的准备，查阅、搜集袁隆平爷爷的相关事迹资料并编辑文件。

(2)改编歌颂袁隆平爷爷的歌词，配乐进行练习。

(3)排练有关袁爷爷的小品。

(4)设计并布置板报。

三、活动过程

1. 小短片引出大梦想

两位主持人开场：今天我们在这里欢庆六一，共同纪念和学习袁隆平爷爷。他锐意进取，勇于创新；他勇于追梦，敢于圆梦。今天我们就在这里继承和弘扬他忠诚待党、心怀群众、扎根土地、无私耕耘的高尚品格和伟大风范。

主持人为队员们播放一个有关袁隆平爷爷“两个伟大梦想”的小短片。

主持人总结：这个小短片提到了袁爷爷的两个梦想，一个是“禾下乘凉梦”，他希望杂交稻可以长得像高粱一样高，人们可以坐在稻穗下乘凉。一个是“覆盖全球梦”，希望杂交水稻能覆盖全球。

由此，引出本次活动课的主题——禾下乘凉　覆盖全球。

2. 小故事展示生平事

首先，第二小队分为两组为大家介绍袁隆平爷爷的生平。第一组由四人组成，配合精心制作的PPT，小钦先娓娓道来袁隆平爷爷的生平及他的田园梦，以及他长大之后在三年困难时期决心要让人们吃饱饭的梦想：他从小充满好奇心，喜欢追根究底，遇到事情喜欢自己寻找答案。从农学院毕业，带学生们做实验，帮农民提高粮食产量。

之后队员小熙介绍了袁隆平爷爷为了水稻增产，不停查资料、做试验的艰难过程及最初的成功：他不顾风吹日晒，终于在观察了十几万株水稻后发现了一株长得特别好的水稻。

接着队员小谦讲述了袁隆平爷爷解决水稻杂种优势利用的难题的曲折历程：收获的季节，可稻株的表现很不好，没有一株赶得上它们的"妈妈"。后来明白，如此显著的性状分离，是因为它们的"妈妈"是天然杂交水稻。袁爷爷认为既然自然界能长出天然杂交水稻，那么人工也可以培育出杂交稻。终于在第三个年头，袁爷爷找到了六株天然雄性不育株，开始了漫长的试验。

最后，队员小邑继续讲述袁爷爷他们遭遇的一些失败、他取得的成就以及直到去世的一些点滴故事：试验田的秧苗曾被人恶意拔光，地震和洪水差点毁了秧苗，反对杂交水稻研究的声音不时传来……但他都坚持了下来，1973年，杂交水稻研究终于成功了，它解决了很多人吃不饱饭的问题，今天，杂交水稻的产量仍在不断提高。

第二组由两人组成，她们是小诺和小佳，二人分工合作，配合着精心准备的音乐，声情并茂地朗诵了袁隆平爷爷给他母亲的一封信。那是袁隆平爷爷在八十岁生日的那一天给已故的妈妈写的一封信，字里行间满是思念。

在掌声中，主持人上场总结：第二小队的第一部分精彩发言让我们感受到袁隆平爷爷最淳朴的爱国情怀，他是心中有祖国的执着追梦人；而第二小队的第二部分的精彩朗诵让我们知道了作为儿子的袁爷爷心中那最柔软的部分，对母亲的声声歉意，百般思念，无尽感激，那部分柔情正是支撑他成为一个坚强追梦人的底色!

3. 情景剧展现关键事

第一小队的队员们为大家带来有关袁隆平爷爷研究过程中关键事件的情景剧表演。队员们根据剧本选好了六个不同的角色：袁隆平、助手、“反派”1、“反派”2、外国科学家、旁白。在同学们期待的目光中，队员们上场表演。在20世纪五六十年代，外国权威遗传科学家否认了水稻具有杂交优势，但袁隆平对这个理论严重怀疑。三年努力终于寻找到了天然的杂交水稻。但培育人工杂交水稻的道路异常艰辛，袁隆平爷爷和助手在困难面前始终没有放弃，做了3000多个杂交组合的试验，最后去到海南寻找雄性不育野生稻，终于“南优2号”水稻试验成功了。尽管过程一波三折，但袁隆平爷爷最终研究出了杂交水稻。然而很遗憾，他在2021年5月22日永远离开了我们。

这时，所有参演的队员上场：袁隆平爷爷永远活在我们心中，让我们向袁隆平爷爷致敬!

主持人总结：袁隆平爷爷的身上蕴含着钢铁般的意志，他的那种开拓创新、百折不挠、追求梦想的精神值得我们学习。

在上面的环节中，我们既有对袁爷爷生平的整体了解，又有对袁爷爷研究中关键事件的学习，那么，队员们到底掌握得如何，又了解了多少呢？这样自然引出了下面的有奖问答活动。

4. 巧问题铭记主旋律

有奖问答活动由第三和第六小队负责，这个环节针对第二小队讲述的故事和第一小队的情景剧提出了七个问题。主持人小洁出示了问题一：什么是杂交水稻？小桢为我们准确介绍了杂交水稻的概念，同时，手舞足蹈地为我们介绍了杂交水稻的优点，以及杂交水稻的培育知识。主持人小诺出示了问题二：袁隆平爷爷找到几株雄性不育株？队员们争相发言：“6株!”主持人把奖品送给了举手发言并且答对了的小奕同学，主持人用实际行动告诉队员们发言不但要有热情，更要有秩序，接下来的有奖问答就特别有序。之后，大家有序回答了几个问题：1960年发现的稻叫什么？袁隆平爷爷在秧苗被人拔掉后在哪里找到幸存秧苗？哪一年成功培育出成功品种？这个品种的名字是？

之后，主持人问：今天的活动让我们看到了袁隆平爷爷身上的哪些品质(要至少说出两个)？队员们纷纷说：不怕困难、勇于探究的精神；坚持不懈；勇于追梦、敢于圆梦的精神；等等。

主持人又问：在研制杂交水稻的过程中，我们一直能看到袁爷爷的什么情怀？大家齐声说：家国情怀！在这个环节中，同学们都认真思考，积极踊跃地回答，场上气氛活跃，在问题的回顾中铭记了本次活动课的主题。

5. 动人歌曲颂扬精神

到这里，队员们对袁爷爷的事迹以及精神已经了解颇深，接着，我们希望用歌曲演唱的方式来传情达意。由两位队员小宁、小畦带来由小岩等队员改编的歌曲《稻香》，场上同学歌声嘹亮，婉转动听的曲调使场下队员陶醉其中：

……

我记得你在田间迈着步子

顶着太阳

用力俯下身子

微微笑

寻找那希望的种子

如果我把未来活成那粒种子

健健康康

长成个好苗子

稻穗香就是在念你名字

……

队员们都沉浸在美妙的旋律中，更主要的是把袁隆平爷爷的精神记在了心间。

主持人进行总结：通过这首歌曲，我们似乎看到了袁隆平爷爷在稻田里辛苦劳作，微笑拾起种子的画面。我们要向袁爷爷学习，让袁隆平爷爷放心，把未来活成那粒种子，健健康康，长成个好苗子！

6. 便笺麦穗固心声

这时，同学们有许多的话想对袁隆平爷爷说，在音乐声中，中队长请队员们将自己能做的事或想说的话写到叶片形状的卡片上，再将卡片粘贴到黑板上画出的麦穗上，正好每株麦穗上粘贴队员写的一张便笺，现场生成、固化同学们的认识。在大家按组快速有序粘贴好之后，主持人找出六位队员给大家读读自己或者本组队员所写的内容。队员们都在向袁爷爷写着心里话，写着自己的收获和决心，用诚挚的语言表达着向袁爷爷学习的决心。在现场，能感受到孩子们心中涌动着无限的感动和激情。

在让人激动的情境中，我进行总结：队员们为了今天活动的顺利开展，积极发挥了自己的主观能动性，我在你们身上看到了主人翁的意识和责任感。大家一起成就了今天活动课的精彩。通过今天的活动课，我们更加了解袁隆平爷爷的伟大事迹，更加敬佩爷爷身上具有的、我们应该学习的、这个时代需要的时代精神——坚持不懈、不畏艰难、勇于追梦、敢于圆梦、锐意进取、勇于创新等。袁爷爷有两个梦想：一个是“禾下乘凉梦”，他希望杂交稻可以长得像高粱一样高，人们可以坐在稻穗下乘凉；一个是“覆盖全球梦”，希望杂交水稻能覆盖全球。其实，“覆盖全球梦”和我们国家正在提倡的“人类命运共同体”的理念是一致的。我们要努力成为一个如袁隆平爷爷一样掌有专业特长，脑有家国之梦，心有人类命运共同体的人！相信通过此次活动，我们每位队员心里都种下了如袁隆平爷爷一样的自己的“禾下乘凉　覆盖全球”梦。在未来的生活和学习中，让我们一起带着袁隆平爷爷的精神不断努力、奋进！

四、经验总结

1. 活动课时效性强，贴近实际，结合当下热点开展。

2. 活动课内容主题明确，一线贯穿，从认知到感受，并落实到行动。

3. 团队合作，集思广益：本次班会得到了很多领导和老师的大力支持和帮助，比如江门市少先队总辅导员张俊标老师，我校主管少先队工作的范立春书记等。

4. 活动课环环相扣：小短片引出大梦想。

5. 活动课形式丰富，通过讲故事、情景剧表演、改编演唱歌曲、有奖问答、写心声等形式展现了袁爷爷的动人事迹。

6. 活动课实效性强，队员们学到了袁爷爷身上凝聚的我们需要的时代精神，心里都种下了如袁爷爷一样的“禾下乘凉　覆盖全球”的家国梦，并通过写便笺的形式固化了自己的认识，成为今后行动的指南。

第五篇

量体裁衣，适性扬才

——个性化教育的四维图谱

各适其天，各全其性。

——袁枚《随园诗话》

自古以来，中国就深语“因材施教”的智慧。面对个性迥异的学生，班主任既须在集体中凝聚共识，更须以细腻的视角关注每个独特生命的成长轨迹。面对后进生转化、特长生引导、班级管理、心理健康教育干预等问题，需要教育工作者在复杂教育情境中展现智慧与温度，展示德育实践的“人性化”“系统性”“发展性”“科学性”的四重核心维度——这些维度如同经纬交织的网，托起学生个性化发展的天空。在传统的大班额制教学的现实下，如何让教育真正抵达每一个“闪光的灵魂”，避免用单一标尺影响学生的可能性？

人性化：从标签到赋能，激活个体潜能。

系统性：家校社协同，构建支持网络。

发展性：立足终身成长，指向全人教育。

科学性：理论扎根实践，方法创新有据。

在遇到“加速社会”“空心化成长”影响学生发展的时候，建设教育现代化的核心就不仅仅是技术迭代，而是班主任在回归“各适其天，各全其性”人文本质的教育实践中，反思并落实适性扬才的哲学内核——每个孩子都是亟待破译的生命密码。这体现了教育的终极使命，是帮助学生在保持独特性的同时，与社会价值达成创造性融合。我想，这种对个体尊严的守护与对成长规律的敬畏，正是对“立德树人”的一种寻真求实的诠释，而每位以理论为舟、以实践为桨的教师，就是点亮学生个性化发展星光的摆渡人。

不啻微芒，造炬成阳

——对“后进生”的督促

后进生的教育理念——不啻微芒，造炬成阳：不排斥一点点小小的光亮，光亮多了，先聚成火炬，最终期待成为明亮的太阳。

一个班级有“学优生”，因其对比，不可避免会出现暂时的“后进生”。这些“后进生”哪怕班里仅有几个，若不留意，可能会有意想不到的事情发生。“后进生”需要老师投入更多的关注，而找到好的方法，可能事半功倍。

一、“好人标签”激发“后进生”心中的“善”

班主任应当淡化“学优生”和“后进生”这两个词语，在班主任眼里都是一样的学生。心理学上有一个词叫作“标签效应”，“标签”有着一定程度的定性导向作用，会对一个人的自我认同产生强烈影响，当人被下了某种结论时，就像商品被贴上了某种标签，他会做出自我印象管理，使自己的行为与所贴的“标签”内容相一致。在学校教育中，积极标签可以引导学生正面思考和解决问题，取得积极效果。

利用刚开学，学生们彼此不熟悉，都想把自己好的一面展现给别人，不好的一面藏着掖着的时候，我趁机表扬所有学生军训不怕苦、搬教材发教材自行组织得井然有序等，我对他们说：“老师今年可能运气很好，遇到了你们这样一群好孩子；我要谢谢你们的家长，把你们培养得这么好；而且都说孩子身上有家长的影子，你们都这么好，家长肯定错不了!”(3 句话分别赞扬学生、感谢家长、表扬家长)接下来的板报设计、教师节活动、运动会等，我都毫不吝啬地将对孩子的赏识说出来，而且这句话我到现在还在说，只是把“可能运气很好”换成“真的运气很好”了。好人标签将同学不好的一面扼杀在萌芽中，尤其对“后进生”的触动很大，

“好人”标签更像是一种自我实现的预言，唤醒了他们内心中“善”的一面。日常生活中，“后进生”通过自己的努力，不断强化“标签”，慢慢就变成了“学优生”，标签效应慢慢显现出来。他们逐渐融入班集体中，比如自觉加入班级活动中，不再是班级活动的“边缘人”，各方面的能力得到提高，向“学优生”的队伍慢慢靠拢。

二、“因势利导”激发“后进生”胸中的“志”

每个学生身上都有优点。作为班主任，要善于挖掘学生身上隐藏的闪光点，将其放大，激发学生潜在的志向，帮助学生成就自己。

十一假期结束后，“后进生”李同学的“鸡冠头”发型不合格，被年级主任点名批评，年级主任提醒他放学后去理发。回班后，我又跟他说了这事，让他从小事上严格要求自己，他答应我了。但第二天，他又顶着“鸡冠头”进了班。很好地诠释了“我行我素”这个词语！

我该怎么办呢？通过一个月的观察，我发现这个孩子虽然行为习惯不是很好，但是心地善良，尤其对父母很好。我将其叫出教室，跟他说：“年级主任提醒一次，我提醒了一次，俗话说，有再一再二无再三再四。明天上学若发型再不合格，老师带你去理发或者直接通知家长来学校先陪你理发再去上班，怎样?”他瞪着我不吱声。我说：“作为一名学生，合格的仪容仪表更能体现学生的良好风貌，发型合格了，别人对你的第一印象就很好；若因为这事让家长来学校，家长耽误工作不说，心里肯定不舒服，你是一个孝顺的孩子，将心比心，替父母想想。”他说：“老师我知道了。”第二天他再进班时，同学们都看到了他的发型的改变，完全合乎校规要求！为了肯定他的改变，我将他叫到办公室里，当着办公室所有老师狠

狠地表扬了他，表扬后又对他提出了学习上的一些小要求，我现在还记忆犹新，当时李同学是带着笑容走出的办公室。

后面我因势利导，每天送他一句激励的话语，“今天不错哟——化学作业完成得很好，请继续保持”“今天英语听写 90 多分，真棒，请继续保持”“这段时间学习劲头很足，请继续保持”“地理老师说你这段时间上课状态很好，请坚持住”。持续一段时间后，我跟任课老师就都发现了他的变化，我又及时将老师夸奖他的话语转告给他，再加上一句“你的父母真幸福，有你这么优秀的儿子”。孩子体会到“付出与收获”的关系，尤其“收获”会抚慰自己付出过程的辛酸，向心中的“志向”靠拢。

因势利导，借力打力，使“后进生”的成长形成了一个良性循环，其转化将如春起之苗，不见其长，日有所增。“后进生”走进了“学优生”行列。

“后进生”的转化不是一朝一夕就能完成的，需要班主任日积月累的督促及付出。在班主任爱心、耐心的雨露滋润下，“后进生”的闪光点像细小的光芒，将越聚越多，越来越亮，孩子成为自己心目中的自己，成为明晃晃的太阳。

三、经验总结

1. 新班级班主任要善于利用好“标签效应”，给学生包括“后进生”贴积极正面的标签，一段时间后，他们就会成为你所期待的样子。

2. 每位学生身上都有闪光点，班主任要善于挖掘、引导、利用，孩子的闪光点会越来越多，他们会追随心中的志向，成为更优秀的自己。

班主任如何做好对特长生的教育引导

一切为了学生的发展，这是当今教育改革的宗旨和核心理念。随着教育理念的转变，我国教育由统一规格教育向差异性教育转变，突出个性，突出特长，让学生个性化发展，因此，特长生的教育是当前教育改革不容忽视的课题。

所谓特长生一般是指掌握了一门专长的学生，比如在高中阶段常见的艺术类、科技类、体育类特长生。特长生的形成往往有两种情况：一种是具有一定的天赋，在某一方面表露出先天的特质或强烈的兴趣，并付诸长期练习形成的特长；另一种是家长基于对子女未来发展的设计，比如为了减轻高考的文化课压力，而有意让孩子学习某一方面的特长。

从教育发展的历史看，自从班级授课制产生以来，教育就一向注重统一的引导和管理，比较忽略学生个体的特殊性。尽管在当今的教育中越来越多的教育理念提倡学校重视个性和特长，但是实施起来还是比较困难。班级里的特长生有一技之长，相对其他学生而言，他们会有更多展示技能的机会，有一定的表现欲，而且因为长期练习特长，往往做事情也比较有毅力；但从另一个角度去看，特长生因为要花时间去练习特长，可能他们的文化课成绩会相对较弱，又或者有一些特长生正是因为文化课成绩不突出而选择成为特长生。因此，要使特长生全面发展，并充分展示其特长，班主任在对特长生进行教育时要注意以下几点。

一、要树立正确的人才观

真正的教育应该让受教育者成为最好的自己，而不应该是让所有的人成为一个模子里加工出来的人。教育的真谛就是让学生找到各自最擅长的领域，所以要更多地去肯定学生在哪个方面更擅长，而不是只评价学生的文化课成绩。基于此，教师应该树立正确的人才观。班主任要平等地对待班里的特长生，理解特长生需要在平日训练，而训练势必会占用上课时间和课后完成作业的时间，对于特长生在学习过程中的变化，比如不能按时完成作业等情况，班主任应该给予及时的反馈，帮助学生解决困难，建立自信，促进特长生在文化课原有基础上的提高。

对于班里的其他普通生来说，班主任在学期初对班集体进行思想建设时，可以向全班同学介绍班级里的特长生，并肯定特长生的不易，既要练习特长又要学习文化课。也可以拿自己的经历举例，比如："我在上小学的时候开始练习小提琴，每天放学后除了完成作业，还要练习半小时的琴，虽然很辛苦，但是很感谢自己当时的坚持。"这样可以消除一些学生对特长生的偏见，营造和谐的班级氛围，也能建立特长生的自信心。

二、要为特长生的发展创造条件

这里的发展，既指对特长的发展，也指对文化课的发展。作为班主任老师，在班集体建设之初需要了解班里特长生的情况，在班委的选择上可以考虑这些特长生，比如询问体育特长生是否愿意担任体育委员一职，文艺特长生是否愿意担任文艺委员一职等，他们大部分是愿意担任班委并且愿意为班级服务的，因为这都是他们擅长的内容。让他们担任班委既能发挥他们的特长，也能树立他们的自信心，有助于文化课的学习。在平时，班主任也可以在班级活动中为他们创造展示自我的条件。例如，在班会活动中，增加表演环节，让乐器特长生为大家演奏节目；在红歌比赛活动中，让声乐特长生帮助大家指导唱歌等，这些都为特长生的发展创造了条件。

此外，班主任不应该阻挠特长生参加课后训练或者一些不得已要耽误文化课的活动。大部分特长生的文化课成绩不理想，可能会影响到班级的成绩和排名，所以有一些班主任可能会希望特长生减少课后培训的时间，增加文化课学习的时间。但这种行为确实不利于特长生长远的发展。其实特长生如果在高三通过了特长生的考试，他们的文化课分数要求是比普通生低的，比如在2023年北京市高考分数线中，艺术类考生的本科分数线为336分，而本科批分数线为448分。作为一名智慧型的班主任老师，要从高考的角度来权衡一名特长生的学习和特长的发展，在不影响他们训练特长的基础上，尽可能地提高他们的文化课水平。

三、要注重特长生的管理

艺体特长生因文化课程度普遍较低，个性突出，可能纪律较涣散，所以常常被视为“差生”，常常让班主任觉得管理难度大、效果差。从某种意义上讲，这是一种偏见，甚至可以说是歧视。想要做好对特长生的管理，首先是解决认识问题。从特长生所具有的特长角度看，他们是同龄人中的佼佼者，当这样看待特长生时，班主任就能从思想上、情感上更好地接纳他们，为做好管理工作奠定基础。其次是承认差异，扬长避短。艺体特长生普遍对专业课感兴趣，让他们在发展专业特长的过程中感受成功，在成功中获得自信，同样能激发他们学习文化课的兴趣。最后是在管理过程中讲究方法和策略，既要严格要求又要热情指导，既要严肃纪律又要相信他们会自强自律。班主任老师在班级特长生的管理中要格外关注以下几点。

1. 确认特长生的训练时间

特长生每周都会有几个时间段的训练时间，班主任要注意做好家校沟通。首先要做好与训练老师的沟通，其次要做好与家长的沟通，比如要了解特长生每周什么时间训练，训练时间大概需要多久，训练结束的时间大概几点钟。

2. 注意特长生的手机管理

平时学生在校，手机是班主任老师安排手机管理员统一管理的，提前离开去训练的特长生需要取走手机，这个时候就需要班主任老师做好与手机管理员之间的沟通。比如，给出班级里每一名特长生每周需要提前取走手机的说明。

3. 注意特长生的交友问题

特长生因日常训练集中，会形成团体并在校园中有一定影响力，他们普遍性格豪爽、重情重义。班主任要适当关注他们的社交动态，引导学生建立健康的交友观，及时规避因“江湖义气”可能引发的行为偏差风险。

4. 关注特长生的学习情况

对于特长生的上课和作业情况，班主任要另外与任课老师沟通交流，及时与同学沟通，帮助他们解决学习上的困难。

四、要帮助特长生做好职业规划

在高二时，班主任老师应该与班里的特长生和特长生的家长做好沟通，了解他们对高考的初步规划，班主任老师应该根据学生的学业情况，给出一个较为合理的建议。就目前的中学师资情况来看，仅依靠学校难以满足他们的专业发展需求，可行的办法是两条腿走路，专兼职结合，内外聘结合，实行双轨制。班主任老师有责任提醒特长生的家长提前为学生做好职业规划，提前准备特长生考试的内容，提前为高考做准备。

总之，作为特长生的班主任老师，要能够对特长生有更加深入的了解，以此更加有针对性地采用相关策略。要承认存在的差异，采取公平公正的态度，激发学生的自信心，以更好地促进特长生健康发展。

亦师亦友伴花开

我们把生涯发展课程建设引入初级中学教育领域，加强学校教育与社会、工作、生活之间的有效衔接，使学生在学习与个体自我觉察、社会、工作之间建立起积极的联系，并且在丰富知识学习和塑造良好个性的同时增强未来进入社会的适应能力。

过去受应试教育模式的影响，班级教育过于强调应试分数，强调知识的灌输和教师的作用，给学生个性发展带来严重的影响，学生的个性得不到健康的发展，更谈不上全面的发展。同时也使班级管理陷入同质化、模板化，严重制约、束缚学生的个性潜能的发展。当前的学生不仅接受着学校里的教育，也更容易受到来自校外的影响，他们越来越强烈地要求张扬其个性；现在的家长文化水平越来越高，也往往有自己的教育理念，他们也强烈地要求尊重学生的个性，加强学生个性发展的培养。所以生涯发展教育是世界教育发展的趋势，是时代的需求。而完成这一任务，我们教师有着不可替代的作用。在我的班级中就有一群朝气蓬勃的孩子正在茁壮成长，他们的成长路上有我。

班级中有这样一个小男孩，他的名字叫小辉，初一到我们班时是一个很胖的小男孩，由于他的身材太胖，所以当时没有领到合适的校服。当时他那憨态可掬的模样给我留下了深刻的印象。可是没过两个星期他在我心中的形象就颠覆了，他开始和同学吵架，不完成作业，上课说话，办事儿拖拖拉拉，学生和任课老师都向我反映他的情况，起初我觉得他可能因为胖才会懒惰，因为年纪小才会吵架，只要找他谈谈可能就会解决问题，可是有一次我路过男厕所听到小辉正在和我们班某男同学说：“只要你们都听我的，以后我就可以保证你们初中生活随心所欲，不用写作业，天天玩游戏。”我一听：坏了，这个孩子八成是要成立小团伙。我要及早解决小辉的问题，否则班风就会不正，我要真正地走进他的内心世界，找到根源，配制解药。于是我开始进行暗访，该学生8岁时，父母离异，他随妈妈生活。妈妈非常爱他，想尽一切办法让孩子享受舒适的生活，所以孩子有很强的惰性，身体胖胖的，连走路都懒洋洋的。上小学时，他因个头小，又没父亲在身边，总挨其他同学的欺负，三天两头被劫钱，总是心惊胆战的，学习上也打不起精神来。自从那时起他就想变得更加强壮，所以总是向妈妈要吃的，妈妈又担心孩子受委屈，所以用食物来弥补孩子缺失的父爱，就这样孩子越来越胖。到了初中小辉又担心同学们知道自己的家庭背景和学习成绩后嘲笑他，所以在开学前两周他一直做得很好，可是他的努力并没有得到大家过多的赞许，因为其他同学做得也很好，甚至比他做得更好，为了让其他人注意到他，让大家欣赏他，他就打起了做“老大”的念头，要在初中颠覆形象“风光”一把。了解了事情的内幕，我感觉需要给这个孩子更多的关心与爱心，他不能享受到同龄人享有的父爱而且还遭受了很多欺辱，心理失去了平衡，继续发展下去，那他的人生就完了。我决定采取有效的措施，纠正其不良动机，让孩子振作起来，让他对自己有信心，认识自己所走的路，做一个健康快乐的孩子。

一、做朋友

为了孩子能够找到自信，我决定陪孩子一起减肥。下午放学后，我和他约好一起到操场，他很诧异地问我：“为什么去操场呀？”我告诉他我想和他一起锻炼身体、一起减肥。顿时他脸色一沉表示不情愿，我赶紧拉着他的胳膊，在操场上慢跑，碍于我的面子，他慢跑了一圈便停了下来，大汗淋漓、气喘吁吁地说：“我坚持不住了，打死我也不跑了。”我便推着他跑，由于他体形庞大，推着跑一圈我便咳嗽起来，见此状况他主动了许多，自己跑了一圈，这天我们一共跑了三圈，我对他说："没有办不到的事情，只是看我们是否愿意坚持！"他默许了。当我们都气喘吁吁地聊天时，我感觉我们之间距离拉近了，我们约好每天来坚持跑三圈，此时我们不像是师生，更像是朋友。我开始和他聊他的小学生活，他似乎在刻意隐瞒他不愉快的经历，只和我谈了一些他和妈妈之间的趣事，我发现他是一个很孝顺的孩子，他会给妈妈做饭，帮妈妈收拾屋子，有时还会给妈妈洗脚，听到这里我觉得他是一个让我特别欣赏的孩子。

自从那天起，我开始关注他的饮食起居，时常问他吃什么啦，冷不冷，帮他整理一下衣领和红领巾，每天和他一起锻炼身体。似乎他身上没有缺点，即使他犯了错误，我也会先问他当时的情况，而不是一味批评。他每次也会诚恳地道歉，并保证下次一定改正。记得有一次他又没有完成作业，我当时很生气，心想：我们的约定为什么不能遵守，我的付出小辉为什么不知道。可我还是压住了心中的怒火，我知道他需要我的耐心、关心与爱心，我没有指责，没有询问，而是选择了沉默，可他这回主动和我说明了原因，他昨晚因为生病去医院看病，回家太晚了，所以没有完成作业，但是他今天放学前一定会补上作业的。听到这里我心里很酸，眼睛开始湿润了，我坚信我们的关系更像朋友那样，互相信任，互相体谅。

二、做老师

我鼓励他学习，培养他的自信心。他小学基础薄弱，学习习惯不好，上初中后学习任务一直困扰着他，他很想学好，可是心有余力不足，上课有时听不懂，回家没有人教，所以难免有放弃的念头。于是我课后辅导他的功课，放学后帮他找"师父"，我让一个和他家距离不远的学习优秀的男孩子做他的师父，负责帮小辉解决疑难问题，小辉也非常高兴能有专人来负责自己的学习。我还答应他们，如果小辉能有进步，我会送给他们小礼物。与此同时，我也让小辉担任班内的体委，负责放学后带领大家锻炼身体。经过相当长的一段时间，在我时时刻刻的鼓励、无拘无束的谈心、无微不至的关怀下，他终于能把我当成良师益友，能做到“亲其师，信其道”了。他的成绩在年级进步了50多名，体委工作也非常负责，不再是懒惰的小孩子了，自信心也增强了。我发现他瘦了，也更加健康了，他不再自卑，不再颓废，是一名阳光少年。

三、经验总结

苏联教育家捷尔任斯基说过：“谁爱孩子，孩子就爱他，只有爱孩子的人，他才能教育孩子。”这句话精辟地论述了师爱在教育工作中的重要性。我们的师爱不仅包括要了解学生心理特点，关心孩子，还包括要让孩子学会做人，学会生活，学会审美，学会学习，学会健体，学会创新，做一个对自己负责、对他人负责、对社会负责的人，我们教师要帮助学生更好地认识自我、开发自我和提高自我。我们的教育就是培养学生良好的品格，激发其内在动力，找到适合自身发展的道路，实现其人生价值，我们要用自己的爱心、耐心与真心去陪伴孩子们健康成长，做到亦师亦友伴花开，一束微光渐斑斓。

1. 教育孩子之前先做孩子的朋友，“亲其师，信其道”。

2. 教育要因材施教，根据孩子的不同特征，选用不同的沟通方式。

3. 教育是一个持续性的工作，不要放弃每一个孩子。

倾听声音，唤起思考

一、"朋友圈"里的声音与思考

不少教师都有一个展示教育工作的微信朋友圈，其中不乏关于对所教班级、学生的"精彩瞬间"记录。与其说这些精彩瞬间是一些回忆片段，不如说它们"零敲碎打"地呈现了教育本身的意义——教师对教育的感触与反思，教师展现教育理念、教育理想。教师尤其喜欢展示自己在教育中有所收获的时刻，这些展示恰恰是教师主动实现书写教育情境、理性表达和自我反思的过程，这对于教师成长具有重要意义。

现在让我们从对教师的思考迁移到学生，学生有没有主动对自我成长进行反思和表达呢？如何引导他们思考和表达，才能帮助他们更好地认识自我，不断成长呢？笔者认为，有两点特别重要：倾听学生"讲话的声音"，同时鼓励他们倾听反思自己"思考的声音"。前者特别好理解，在每个教育工作的"日常"里，学生们总在"陈述"着，无论是用语言还是其他方式，这是一个起点，它让教育拥有发生的可能。而后者，则是教育的重点和难点。举一个例子，在读书的过程中会有一种体验：一方面，我们会听到自己阅读文章内容的声音；另一方面，我们也听到自己"思考的声音"——我们对于文章的理解、评析批判等。这两者都很重要，前者是我们理解的开端，后者是我们将新知融入自我的过程。

学生的问题在于，他们可以去看到、听到和感受到，但是他们还不善于思考自己看到、听到和感受到的东西。所以我们要帮助他们，推动他们去思考自己说的话，做的事，思考自己的"思考"。从感性到理性的改变，这一点恰恰会成为教育实质性发生的起点。

二、一个特殊生的声音与思考

现在，让我们走近一个特殊的孩子，通过倾听和唤起思考，看看她为什么会发生这样的变化。

她叫“小敏”，自述曾因小学转学被同学排斥，因成绩不好厌学，情绪时常不稳定。刚接触时，她是一个表情木讷、很少有笑容的女孩。上课时总是睡觉，基本没有能力完成作业，父母非常焦虑，家庭关系紧张。这样一个孩子，有没有可能转化呢？经历了一个学期的线上教学，返校后，我发现她变得特别沉默，但一次次谈心倾听，开启了小敏的改变之路。

“老师，我发现爸爸妈妈离婚了，但是他们瞒着我……”

“老师，我和您说这件事，您千万别和我爸妈说，我觉得他们为了不让我知道，就会一直住在一起……”

在对话中，我听出了孩子传达给我的两个信号：一是她内心有向好的念头；二是她能开口向我诉苦，就证明对我还是信任的。抓住这两个信号的我于是鼓励她。

“我觉得你变成熟了呢，能够分析爸妈的感受，甚至希望能为家出力呀！”

“老师，您说我爸妈是不是因为我的原因，才想离婚？”

“我觉得，如果爸妈看到小敏成长，他们会感到欣慰和放松一些。”

“真的会吗？”

“是的，如果你能学着照顾好自己的生活和学习，他们一定能感觉到。”

这次谈话后，小敏开始不那么抵触学习了，在她情绪好的时候，我们就利用中午或者放学时间背背古诗文，聊聊家常，随着不断“倾听”彼此，我们之间的信任感渐渐加深。很多时候，我们在做学生工作的时候，往往会将“主动方”理解为教师，实际上，这种理解不利于后续沟通的进行。学生也在观察老师，作为老师，一定要时刻关注自己的形象在学生观念中的逐步改变。教育的契机会在学生内心准备好的时候发生，教师要做的是促成并紧紧抓住这个机会。

期中考试前的一天，放学后我正准备参加一个后进生转化的班主任培训，小敏却到办公室找我背诗。她因为前一天睡眠不好，没给我背诗，所以今天就主动要求留下来补背。我怕会议结束晚，让她先回家，可她坚持要等我，我决定尊重她的意愿。

孩子在会议结束时，冒着夜色来到美德厅，那天碰巧是给小敏做过辅导谈话的陈书记负责那场会议。我就请陈书记也一起鼓励她一下，恰好这个孩子刚刚完成了她这学期第二篇作文。虽然有需要改进的地方，但作文情感真挚，我给了她 34 分。陈书记惊喜地捧着作文，给了小敏一个大大的拥抱，并一再鼓励她。孩子非常兴奋，也很紧张，小手冰凉冰凉的。下楼时，她还一直想给我背诗，断断续续的声音里还是没有什么自信。我们走到一楼校史馆那条通道，我突然想了一个主意。那天天已经黑了，那条路也很黑，乍一看，前面一段“乌漆墨黑”，不过那条路东向有玻璃，后半段玻璃对着人大西门街道闪亮的灯光，灯光里，也有这个城市的车水马龙。

“敢不敢走过去?”我问小敏。

小姑娘看着黑暗，拼命摇头。

“我拉你过去，我拉着你，还怕吗?”

没等她回答，我就拉起她的手，那是一只冰凉、有点微微颤抖的瘦瘦的小手。一鼓作气，我拉起她就走向黑暗里去了。我刻意走得很慢，一边走一边缓解她的紧张，和她聊天：

“其实这里有窗户呀，感觉如何？能看到浮雕的校史馆大门吗……”

当走到对着街面最亮的窗户前，我让孩子回头去看走过的路。她如我所愿地说：

“老师，其实也不是很黑，眼睛适应了。”

“是呀，其实我们有时候认为根本闯不过的黑暗，并不像我们想象的那样可怕不是吗？不如我们现在就在这里背……”

于是我们在拥有灯光的窗前，一起背起曹操的《龟虽寿》。孩子背完书，突然问我：

“老师，您以前也曾拉别人走过这里吗？”

“你是第一个呀！”

我在心理暗暗地想，大概之后也是，因为这样的教育机会千载难逢吧。回去的路上，我要小敏自己走在前面，我向她保证我就跟在她3米之内的地方，她不时停下来回头看我，我在即将走出黑暗时，一下子追上她和她一起走出了大门。一边走一边告诉她，我和她的父母都不能一直拉着她走，很多路，要她自己勇敢向前走，而我们一定如我们承诺的那样跟在她的后面，帮助她、守护她。

“老师，我之前觉得老师们都放弃我了，现在觉得，并没有。”

小敏在我们回到教室后，和我说了这句话。当她说出这句话的时候，我意识到关于“唤起思考”的契机出现了。她要学会反思这个事件，除了要感性地表达之外，还要进一步找到改变的起点。于是我趁势问她：

“能和我说说对今天这件事的想法吗？”

小姑娘稍微想了一下说：“我觉得我现在的处境，也可能不像我想的那样一片漆黑，是可以改变的……但是，我不是很自信自己可以做到……但是我可以试试……”

她说这句话的时候，我甚至都能听到她声音中微微的颤抖。小敏这个孩子，其实是很敏感的孩子，这件事，对她来说算是一个改变的开始。我们可以回顾一下她的表达，其中有几个关键的句子：“老师，您以前也曾拉别人走过这里吗？”“老师，我之前觉得老师们都放弃我了，现在觉得，并没有。”

第一句话，是她在试探她在我内心中的位置，她希望被肯定、重视还有信任。第二句话，是她确定了我对她的信任后所做的表达。但是到这里还不够，必须再往前推一步，她要把注意力从别人对她的感受转向对自己的评价才可以，她要开始认可自己才可以。于是，老师要在这时候推她一把，让她说出对自己的认知与试图做出改变的感受：“我现在的处境，不像我想的那样一片漆黑，而是可以改变的……我不是很自信自己可以做到……但是我可以试试……”

这两件事，只是小敏改变的开始，上个学期，她努力完成了自己的承诺，背诗，写作文，并开始努力听课学习阅读。当然，她还不能像其他学生一样正常学习，但改变确实在发生，小姑娘的情绪已经比原来稳定很多，我希望后续可以看到她更多的进步。

三、经验总结

现在回到文章开端我们要解决的问题：学生的问题在于，他们可以看到、听到和感受到，但是他们还不善于理性分析自己看到、听到和感受到的东西，更没有得出结论的能力。

1. 小敏的故事告诉我们，厌学、情绪不稳定的孩子，我们可以通过倾听她的心声找到交流的契机。

2. 面对特殊的孩子，我们要一步步创造条件引导他们去面对和分析自己思维中正确和错误的观念，逐步走进他们的心灵世界，助力他们成长。

3. 我们要帮助不善于分析表达的孩子，推动他们去思考自己说的话、做的事，思考自己的“思考”，最终完成从感性到理性的改变，从这一点出发，就可以帮助他们逐渐建立起更积极的价值观、世界观。

因信任，他超越了自己

信任，是决定所有事业成功、维持乃至重建的最关键因素。《信任的力量》一书作者戴维·霍萨格的实际调查向我们揭示，信任可以产生显著的成果，其影响力可被放大。在教育领域，这同样适用。教育的本质在于教育者和受教育者之间的信任。只有在互相信任的基础上，才能产生共同的情感和语言，只有学生信任他们的老师，他们才会向教师敞开自己的心扉，分享自己的想法和感受，接受并实施教师的建议，从而带来战胜挫折的希望和力量。

百日倒计的高考犹如一场刻不容缓的战役，学生们在紧张且积极的学习氛围中争分夺秒，仿佛在繁花般的战场上求胜。在战役的最前线，毛老师风尘仆仆地找到了我，双眼充满紧张和忧虑，说出了她的担忧："主任，孙同学打算请假去校外自习，我们该如何应对?"我深深呼吸一口气，平静地回答："让他来找我吧。"

紧接着，我详细了解了孙同学在高三期间的学习情况，以及他与各学科教师的关系，为接下来与孙同学的谈话做准备。

课间操后，孙同学冲入我的办公室，他的身影如同弹簧一样急促而坚定。他站立在办公桌前，身体前倾，眼神炙热："老师，现在距离高考时间不多了，我想出去学习。"

我淡定地看着他："孙同学，我知道你有自己的一些想法，但同时也想问问你，你愿意听我分析你的情况，给你一些建议吗?"

他犹豫了一下，脸上的表情变得复杂。然后，他的嘴角抽动了一下，眼神瞬间变得坚定，咬着牙，肯定地点了点头："老师，我特别信任您，所以今天来就是想听听您的意见。”

我心中充满欣慰，眼睛里闪烁着温暖的光芒，微笑地点了点头说：“孙同学，谢谢你的信任！我一直在关注你的学习情况，并坚信你能在高考中超越自我！你能先跟我说说，你为什么想出去学习吗？”

孙同学在我面前站直了身体，目光坚定而明亮，没有任何犹豫地说道：“第一，我一模成绩不太理想。第二，我觉得老师讲的知识有些我已经知道了，外面的学习内容可能对我而言针对性更强一些。”

我听完后认真地对他说：“你的数学、物理等学科掌握程度是不错的，其他学科的确需要和老师一起分析原因、找到突破口。我其实很理解你的感受，你内心相信自己的潜力，现在时间紧迫，你非常希望获得对自己最有利的学习资源，然后全力以赴冲击你的目标，你觉得校外的学习对你来说是有利的学习资源。是这样吗？”

孙同学拼命点头，看着我说：“是的老师，我就知道您是懂我的。”

我继续跟孙同学说：“你有一颗向上进取的心，这真的是让我很欣慰。但关于如何能更好地达成你的目标，我却有一些不同的想法，你想想看，是教了你三年的学科老师更了解你的情况，还是外面的新老师更了解你的情况？你信任你的学科老师吗？”

孙同学深吸一口气对我说：“我信任我的学科老师，而且也很喜欢他们的上课风格。”

听到孙同学的回答，我松了一口气，他对学科老师的信任非常重要。我对他说：“那真是太好了。其实，我们学校的老师每周都会参加海淀区的教研活动，接触到的都是最新、最权威的信息，比如高考的最新趋势和训练方向，这些信息是校外老师轻易获取不了的。你的学科老师也会根据你们的学习状况设计课堂内容，你发现老师讲的内容自己都知道了，老师自己肯定也很清楚自己是讲过的，之所以再讲一次，一定有老师的考虑，比如老师可能希望你们能加深对知识背后原理的理解。关于这部分你有跟老师去讨论过吗?”

孙同学愣了一下，回答道：“这方面，还真没有跟老师讨论过。”

我继续跟他说：“你的学科老师很欣赏你，你也很信任他们，如果你能把自己在学科上的困惑跟他们进行详细的讨论，以他们对你的了解和掌握的高考信息，你想啊，他们是不是能成为你达成目标的强大助力?”

孙同学沉思了一会儿，然后笑着说：“嗯，老师我明白了!”

我再次看着他问：“那现在，你还打算冒这个险吗？用你的高考赌一把去校外学习试一试?”我微笑着拍了拍他的肩。

孙同学深深地看了我一眼笑着说：“谢谢老师，其实我之前也在犹豫，现在跟您聊完，我决定还是在学校跟着我的老师们学习，我也准备跟我的家长沟通一下，并跟学科老师深入讨论我接下来应该怎么安排学习计划才能更好地突破。”

这次聊天后，孙同学回到了他熟悉又安心的课堂，他与老师们密切配合，调整了自己的复习节奏和方式。他在那年的高考中成绩优异，总分达到了 600 分以上，比一模考试提高了 70 多分！这样的进步并非偶然，它源自孙同学的努力，也离不开他对老师的信任和对自己的信任，他在学习中以自己为中心，同时将学校老师作为强大的助力，于是取得了可喜的成绩。

后来孙同学告诉我，那次与我的谈话让他更加深刻地理解了老师的良苦用心，并更加信任和依赖自己的老师，才有了后面与老师更加密切的配合，并在一次次配合中找出自己的短板并针对性地训练提升。

从这个案例中我们可以看到，信任在教育中是多么的关键。当孩子面对困惑和问题时，我们要做的不是直接给建议，而是先去倾听他们的想法和需求，在此基础上再结合孩子的想法提供更多有价值的信息，帮助他们做出更好的决定。具体来说，这个过程可以概括为以下几个步骤。

1. 倾听：当孙同学打算请假外出学习时，我给了他足够的时间和空间表达他的想法。我也尊重他的决定，这种尊重体现在我并没有立即给出建议或评判，而是选择了先倾听，让孩子在一个自我觉得安全的环境中表达他们的真实想法。

2. 理解：在倾听完孙同学的想法后，我尝试理解他的需求和感受。我尝试从他的角度出发，理解他为什么会有这样的决定，并且告诉他，让他知道我理解他的想法。这需要我们暂时跳出自己的思维模式，放下预设的看法去理解对方。

3. 提供信息：理解孙同学的想法后，我能更准确地知道，他缺乏的信息是什么，比如孙同学其实没有跟学科老师去讨论他的提升计划，也不理解老师授课计划背后的目的。于是我把这样的一些重要信息提供给了他。同时，我并没有强迫他接受我的建议，而是尊重他的选择。这个过程是引导性的，能让孩子感受到我是信任他的判断能力的。

4. 支持决定：在孙同学最后决定留在学校后，我尊重并支持了他的决定。即使他选择了我不完全同意的决定，我也会支持他，因为我相信他的判断力和能力，我可能会跟他制订一个计划，密切跟进他的状况，在他遇到困难的时候再给他提供对应的协助和引导。

经验总结：

1. 倾听、理解、提供信息和支持决定这四个步骤都是建立在信任的基础上的，我们需要信任孩子们，给予他们足够的尊重和支持，让他们知道我们是他们的支持者和合作伙伴，而不仅仅是权威的老师。通过这样的方式，我们不仅能帮助孩子解决当前的问题，也能培养他们的决策能力和自信心，这对他们的成长和发展非常重要。

2. 成功的教育涉及许多要素，从学校环境、课程设计，到教师的专业技能、家长的参与度，都是影响教育结果的重要因素。然而，所有这些因素中，我认为教师与学生之间的信任程度可能是最重要的一个。这种信任关系既体现在教师对学生的信任上，也体现在学生对教师的信任上。如果学生能够信任教师，他们会更愿意接受教师的建议和引导，更愿意在遇到困难时寻求教师的帮助。如果教师能信任学生，就会给予学生成长的空间和力量。

3. 师生间的信任关系需要教师通过真诚、耐心和专业知识来建立和维护。

跨越心灵的障碍

王同学是一个非常优秀的女生，善良懂事、性格开朗、勤奋上进、成绩出众、遇事有思想有主见。就是这样的一个女生，在年底(高三第一学期期末)的某一天，我突然接到了她妈妈的电话，告诉我她觉得女儿和同年级的一个男生谈恋爱了！她看到女儿放学后和一个男生走在一起，女儿回家后还神神秘秘的。

在高三这个阶段遇到这样的问题，还是有些出乎我的意料，这是真的吗？如果是真的，是为了排解高三巨大的学习压力吗？……众多的想法纷纷涌入我的脑海。经过认真的思考，我决定采取我的“三步曲”来处理。

一、第一步：与学生和家长分别沟通，全面客观了解情况

第二天我了解情况后，发现事态比我预想得还要严重。首先，王同学从早上一来上学情绪就很不对，原来是王同学的妈妈在给我打电话之前，已经十分严厉地教育了王同学，母女俩爆发了非常激烈的冲突，王同学昨天哭了很长时间。其次，我通过王同学的好朋友，知道了这个男生的姓名，当时我是有些吃惊的，因为男生是一个全年级有名的学生，顶撞老师、打架斗殴……

放学后，我把王同学请到了办公室，试探性地对她说：“看你情绪低落的样子，我和同学们都很担心你，能告诉我发生了什么事吗?”她非常敏感，立刻反问我：“刘老师，是不是我妈跟您说什么了？不是我妈想的那样!”“那情况是怎么样的，你愿意告诉我吗?”王同学看着我，诚恳地对我说：“刘老师，我真没跟他谈恋爱，我只是觉得跟他在一块儿心里特踏实、

特有安全感。我知道离高考只有半年了，我不会耽误学习的！”“真的没有耽误学习，没有因为这件事分心吗？”她沉默了。“你是个聪明的孩子，你想想看，现在对你来说什么才是最重要的事？而且你的妈妈也非常担心你，先不说妈妈的教育方法是不是妥当，你试着站在你妈妈的角度换位思考一下，唯一的女儿处在人生这么重要的阶段，本来前途一片光明，可以考一个理想的‘211’，要是因为这件事分了心，成绩下降，妈妈能不着急吗？你怎么对得起自己的苦读和父母这么多年的养育之恩啊！你说对吗？”她想了一会儿，抬起头来对我说：“刘老师，我明白了，我会专心学习，不会让我父母操心的。”

两三天后，我问王同学妈妈王同学在家的表现，王同学妈妈高兴地说，王同学现在能心无旁骛地做到一回家就学习了。可是好景不长，又过了一个星期，王同学妈妈再一次给我打来电话，说她觉得王同学和那个男生的联系又多了起来，因为王同学回到家后手机微信一条接着一条。我又一次找王同学谈话，她说：“我就是控制不了我自己，心里老觉得不和他聊几句就不踏实，我也不知道这是为什么。”

二、第二步：在学生行为出现反复后，寻找行为背后的心理因素

看来，上次我们的谈话只是暂时帮她控制住了自己的行为，并没有从根本上解决王同学的心结。要对“症”下药，必须找出“病”因。回忆起她说的话“和这个男生在一起，觉得心里踏实”，于是我通过和她的父母电话沟通，以及对她旁敲侧击等多种方式了解到她小时候的生活。

原来，王同学家住远郊区，由于父母工作繁忙，她中学之前一直跟着城里的爷爷奶奶生活。小时候的王同学，个子小胆子也小，又是从远郊区来的，还稍微有点儿口音，因此不大被周围来自城区的同龄小朋友接受，有时还被排挤。有一次，正当一个游戏她怎么也玩不好而被小朋友嘲笑时，小区里一个大她几岁的男孩子正好经过，站出来训斥了那些嘲笑她的

小朋友，那些小朋友好像很听他的话，慢慢也就接受了王同学。我趁机问王同学："他是不是和你小时候遇到的那个男孩子挺像的？"王同学点点头说："不是长得像，是感觉像。我有一次在学校旁边的那家麦当劳和一个人吵了起来，错不在我，我特别委屈，当时他正好也在麦当劳买东西，帮我解了围。"王同学顿了顿，接着说："离高考越近，心里就越不好受，怎么说呢？就是什么感觉都有，着急、害怕、迷茫……这些都没有跟爸妈说，我更愿意把心里话向他倾诉。"

当时我心里长出了一口气，只怕这就是问题的症结。王同学把对幼时给她解围的男孩子的依赖转移到了现在这个男生身上。而这种依赖感的根源一方面在于小时候被嘲笑、被排挤的经历让她缺乏安全感；另一方面，临近高考的压力让她产生了比较明显的心理焦虑。要彻底解决她的心结，就要帮助她跨越心理"障碍"。

三、第三步：帮助学生跨越心理"障碍"

正好到了年底，班里要开新年联欢会，我特地告诉班长，要安排一个"躲避红外线"的游戏，并且到时一定要让王同学来玩这个游戏。游戏规则是这样的：在场地中有 6 根高低不一、位置不同的绳子，当作"红外线"。游戏者要事先记住所有绳子的位置，然后在被蒙住眼睛的情况下，躲避开所有绳子，从场地的一边走到另一边。能够成功地躲避开所有绳子并且最先到达终点的人就是最终的胜利者。事实上，等游戏者被蒙住眼睛以后，组织者要悄悄地拿掉场地中所有的绳子。在联欢会上，这个游戏取得了理想中的"笑果"，不论是参与的同学还是旁观的同学都笑得特别开心。在高中的最后一个新年，这个联欢会给了这些高三的孩子们一个非常好的放松解压的机会。

联欢会后，我问王同学："知道我为什么让你玩那个'躲避红外线'的游戏吗？"她愣了好一会儿没有说话，我接着说："很多时候，挡住我们前进步伐的，并不是那些看得见的障碍，而是自己心里给自己设的障碍。人越长大，就越要学会战胜自己，跨越自己心灵的障碍，变得更加坚强，更加勇敢。我相信你一定会成为一个坚强勇敢的女孩，不需要再依赖任何人给你的力量，而且还可以给别人力量。”

元旦放假回来，王同学主动找到我，对我说：“刘老师，我想了很久，也和我爸爸妈妈谈过了，我知道自己该怎么做了！”

这件事后，我想了很多。首先，我感到特别庆幸，庆幸我没有在一开始就给王同学扣上一顶“早恋”的帽子，庆幸我最终还是挖掘出了问题的根源并妥善地解决了问题。

四、经验总结

1. 我越来越深刻地认识到，中学生常常出现一些表面看上去是行为方面的问题，其实背后的根源往往是心理需求方面的缺失。

2. 作为一名教育工作者，特别是一名班主任，特别应该了解和掌握基本的心理学知识，学会运用心理学方法分析和解决学生的心理问题，帮助学生，使他们身心健康、愉快地成长。

谈谈“刺头生”的转变

“年年岁岁花相似，岁岁年年人不同。”七班说到“刺头”，那一定会想到小A同学，说他“刺头”真的一点儿也不为过。看看他做的那些事，小学时候差点儿打坏同学的眼睛；初一礼堂开会，我不允许他随便坐座位，他直接对着我说脏话；课间因为觉得好玩，就和同学合伙把椅子放到窗户上；在家里，不让玩手机就和家长大吵大闹，晚上11点多还摔碟子摔碗……甚至他的小学同学家长发现自己的孩子在初中的时候没跟他分到一个班，谢天谢地。您说刺不刺？

初二刚开学，他的妈妈给我发来“求救”短信，抛出几个难题：厌学，没有学习的动力；沉迷手机，把手机当成寄托；叛逆，家长管不了。

当时家长甚至都有了休学的想法，但又考虑到真办了休学后，家长都上班，孩子自己在家，怕孩子更加荒废了。孩子精力充沛，却不用在学习上，家长被折腾得不行，无计可施之下，请求我好好教育他，期望能让他迷途知返。

这是一份信任，这是一份重托，我决定花点心思，好好啃一啃这块硬骨头，碰一碰这个小“刺头”。

一、写反思，细分析

我和同学们一起制定了一条班规：犯了错误要写反思。我经常跟学生说，人非圣贤，孰能无过，犯错并不可怕，可怕的是没有面对错误的勇气，我们每一个人都是在错误中成长起来的。我们根据错误的轻重程度，制定反思的字数要求，小错误100—200字，大错误300—400字。我是语文老师，在管理教育学生的过程中也不忘进行语文教学，写反思也能培养学生收集、整理素材的能力。

孩子不会写，我就给他们提供提纲：①客观叙述事情的经过。②在事情过程中，我的错误是什么？一个巴掌拍不响，同学间发生矛盾双方或多或少都有错，先从找自己的问题开始。③说说如何杜绝此类事情再次发生。④家长签字并一句话反馈。

尽管这个孩子很难教育，但这是班规，只要犯了错误，他也无力辩驳，只能遵照执行。有一次课间，他突然从后面揪着同学小 B 衣领使劲拽，小 B 里面穿一件帽衫，帽衫的绳子勒住了小 B 的脖子，勒得小 B 差点儿窒息，眼泪都流出来了，松手一看留下一道深深的印痕，好在校医反馈说暂时没事。而小 A 同学却跟没事人一样。我当时批评他，他还特别不服气，理由是自己只是跟同学闹着玩，又没有打架，小 B 也没事，他觉得我在小题大做，丝毫没有认识到自己的错误行为是非常危险的。

我耐心细致地帮助他分析问题。第一，闹着玩是你情我愿的事情，你们俩属于这种情况吗？第二，同学闹着玩是双方获得快乐，你快乐了，小 B 快乐吗？第三，你的快乐是建立在别人痛苦之上的，这是正确的行为吗？小 A 哑口无言，他终于认识到自己的错误，然后回家写反思。在这次“交锋”中，我感受到小 A 虽然行为散漫爱搞恶作剧，但是只要你能说得有理有据，他是能够认识到自己的错误的，这也让我看到了希望。

后来孩子微信给我发信息：“李老师您好，打扰您了，对于今天的错误，我爸爸已经找我谈了，给我的触动很大。其实今天确实是和小 B 开玩笑的，但不知道下手轻重。我也知道平时给您惹了很多麻烦，跟您诚挚地说一声对不起，以后请您看我表现，感谢您的教诲，我一定会改变自己的。”

我的内心很欣慰，我回复他：“小 A，我相信你从来不是想伤害别人，但是无意之举也可能会给别人带来麻烦和伤害，所以平时规范自己的言行就非常有必要，如果把小打小闹当成了一种习惯，就会造成正常秩序的混乱，我特别希望你能每天反思自己的言和行，规范自己，让自己成为一个招人喜欢的孩子，我相信你可以的!”

二、勤关注，抓契机

心理学家说过，懂得夸赞孩子，是塑造一个人行为的重要手段。小A同学在学习和生活中，点点滴滴的好表现，我都细心观察到，并做到及时反馈，高调赞美。晚上作业改错时他想早走，于是跟我说：“李老师，我回家去改错，然后给您发微信行吗?”我回复他：“可以。”如果他真做到了，我就会赶紧给他反馈：“你说话真算数，加诚信分5分!”“李老师，我跑步跑不了3圈，2圈可以吗?”“可以。”真跑下来了，我继续表扬他说话算数。期中前，我让实习老师给他晚上补数学，我跟他说：“实习老师这么辛苦为你付出，你有没有对老师表达你的感谢呀?”第二天下课后，他帮实习老师接水，我称赞他，真是懂得感恩的孩子……在夸赞中，我发现他慢慢变得温和了许多，安静了许多。

真正触动他心灵的应该是那件事。他和小C同学吵起来了，小A同学已经给小C同学道了歉，小C同学还不依不饶，嘲讽小A同学说“我比你学习好”，一句话说得小A同学瞠目结舌。我当时特别气愤，随即严肃地批评小C同学：“你学习比他好你就可以高人一等了吗?我今天告诉你，只要小A同学认真努力起来，他一定能超过你，你信不?”我说完这句话，小A同学脸色马上变得严肃庄重起来，从他的眼神中，我分明地感受到了他的感激与希望。

月考成绩出来了，他成为班级进步之星，他在获奖感言中这样写道：“这次成绩的提高我要感谢李老师每日的谆谆教诲，感谢父母的教导与陪伴，我将继续努力，争取更大的进步!”

三、委重任，高期待

期末期间年级卫生管理常抓不懈，有一次我一进班就看到教室地面有个纸团，卫生委员大声地告状："老师，小 A 在课上扔纸团。"我听完有点儿气愤。"我没有!"小 A 大声反驳。"你还不承认!"我大声地斥责小 A，小 A 哭了起来，他从来没有这样的行为。我心想，看来有冤屈，于是把他叫出教室单独沟通。这时候他跟我道出了心中的委屈，他说卫生委员不公平，关系好的就不记录，关系不好的就记录，他自己只是做了一道题扔给同学，并没有故意扔纸团。

他从来不跟我说谎话，我相信他。之后我向小 A 诚恳地道歉："对不起，刚才错怪你了。"并跟他说："你愿意当卫生委员吗？你试着管理两周卫生，体会一下卫生委员的辛苦怎么样?""可以呀!"他爽快地答应了。当上卫生委员的小 A 变得可爱起来，课间不厌其烦地督促同学捡纸，晚上勤快地和值日生摆桌椅，最后一个关灯离开教室，尽管有时也忘事，但是责任感显然增强了许多。

暑假期间，我们要进行假期小组学习活动，小 A 竟然申请当组长，我打电话问他："你为什么想当组长呢?"他说："我没当过，我想尝试一下!"说完马上发给我他的假期分析总结，并附上小组学习计划。

小组口号：成为最好的自己!

小组安排：每天在小组群打卡各科暑假作业的完成情况(小组长记考勤)；每天按暑假规定读书(暑假必读书目)并在小组群打卡；7 月 18—28 日复习八下课本；8 月 10 日到开学预习九上课本(重点预习物理、数学)；每天进行体育运动(如有特殊情况跟组长请假)；晨读，每天早上组长开线上会议，自律的组员进来一起背诵古诗文和英语。

你看，还没正式当选就已经走马上任了，谁能想到这是当初的那个"刺头"做的事情呢？我又马上"添把火"，对小 A 说："你知道吗？你是我的骄傲呀，明天年级期末总结会，我还打算发言讲讲你，你的进步真的很大，这个假期一定好好补一补数学，继续加油，长此以往，你一定能考上本校高中。”

种瓜得瓜，种豆得豆，在爱的雨露的滋润下，他这棵小苗茁壮成长，渐渐地拥有了爱的能力，课上听讲认真多了，跟同学的纠纷少了，日复一日的坚持和努力，他最终顺利考上满意的高中。

著名教育专家申军红老师说：“教育就是用生命影响生命，点亮学生未来的活动。”回顾小 A 的转变过程，我总结出三条经验。

1. 要有耐心，当孩子出现问题时，多一分冷静，少一分急躁，细致分析错误原因，只有知错，才能改错，只有发现问题，才能积极去解决问题。

2. 要细心，善于在生活中发现孩子的小进步、好表现，固化优秀行为。优秀的孩子是赞美出来的。资料证明，如果我们经常鼓励赞美孩子，就能唤醒孩子心中的自我认同感，他们就会慢慢地向我们期待的方向前进。

3. 要有爱心，善于从孩子的角度去想事情，想人之所想，急人之所急，用关心和慈爱改变孩子的认知，唤醒孩子的内在潜能，为孩子的成长负责，而不只为孩子的成绩负责。做一个眼中有光、脚下有路的老师，以德服人，以育为先，为孩子的幸福人生奠基。

做“善变”的班主任

——记录我与“F7”的小故事

三年时光匆匆而去，送走了上一届可爱的孩子们，我又一次成为新高一年级的班主任。我以为这是一次简单的循环，毕竟也当了10年班主任了，带班对我来说不算是件难事。但是仅过了一个月，我就发现我错了，以前的经验在这届学生身上不适用了。

我带的上一个班级，班风良好，同学们非常热爱学习，也非常热爱班集体。作为班主任，我最常做的就是通过开展活动，进行班级文化建设，让学生们在高中生活中做到劳逸结合、稳步向目标冲刺。在这种理念下，我们班高考成绩斐然。所以，新一轮的高一，我对最初的带班设计还是进行班级文化建设，鼓励他们好好学习，实现理想。可事实证明，我太想当然了，这一届学生与上一届完全不一样。这一届我们班共44个学生，包括28个男生16个女生。开学之初一切还算平稳，学生们还处于对学校和老师的观察试探阶段。这时候我就听说了班里有个“F7”组合，但这个组合没有什么特别的举动。整个9月就在相对平稳的状态下过去了，等十一放假一回来，我发现“变天”了，始作俑者就是这“F7”。

所谓“F7”就是我们班的7个男生组成的一个小团体，他们都干了什么呢？上课说话，随意换座位，扰乱课堂，违反校规校纪等。乍一听，好像不严重，不就是学生间的打打闹闹嘛。但是一个班里7个大男孩，课上课下天天打闹，其他同学有意见，任课老师也头疼。班干部和一些学生每每维护班级纪律，就被这7个人群起而攻之，久了，同学们也不敢轻易说了，只能下课找班主任求助。从此我就开始了和“F7”斗智斗勇的生活。最开始，我是逐一找这几个学生。有几个学生是一谈就承认错误，态度很好，就是不改。另外几个学生从不承认自己的错误，总把责任推到别人身上，还当面顶撞老师。这时候我发现简单的谈话对这些孩子已经没有教育作用了，必须要采取新的方式来解决这些问题。下面就谈谈我具体是怎么做的。

首先就是团结一切可以团结的力量。

第一个需要团结的就是学生，所谓“亲其师，信其道”，身为班主任一定要发自内心地去关心爱护每一个学生，学生才会从心里把你当作自己人，跟你分享一些小秘密，也会真正接受你的一些小建议。我们班虽然有几个不遵规守纪的学生，但还有更多正直可爱的学生，他们会在我看不见的时候，站出来维护班集体的荣誉和纪律，也会时时跟我汇报班级的动向，让我能准确地知道“F7”的一些行动轨迹，从而也及时阻止了一些事故的发生。每当有学生跟我反映问题或分享他们一些困惑的时候，我都会认真倾听，事后积极落实并且严格保密。久而久之，学生对我更加信赖，师生关系也愈发融洽，这对班主任工作的开展有着非常积极的作用。

第二个需要团结的就是家长，家校合作真的很重要。在与家长沟通前，我先了解了这几个学生的家庭情况，发现有些问题确实是来源于家庭，必须家校合作才能解决。班里这 7 个孩子，有的是家长对孩子比较溺爱，有的是离异家庭，孩子和父母一方或者爷爷奶奶共同生活。了解了学生的家庭情况之后，我逐一地和家长们进行了联系，让家长对孩子在学校的行为有所了解。在与家长沟通的过程中，我客观地阐述了孩子的一些行为，避免使用指责的语气，并适时地和家长共情，以争取家长，让他们和我们站在一条战线上，共同教育孩子。有一次，“F7”的一员违反了校规，按规定应该给处分，而给处分需要家长签字，那怎么和家长沟通呢？当天家长到校之后，我先跟家长具体说了孩子平时的表现，以及这次行为造成的影响。家长也表示了孩子从初中行为习惯就不是很好，非常抱歉给老师和学校添了麻烦。和家长拉近距离之后，我开始提到处分问题。首先，要让家长理解给孩子处分是警示孩子，为了让他以后能够表现得更好，而不是单纯地为了惩罚。另外我和家长承诺，只要孩子表现好处分一定会撤销，我可以暂时不把处分放进档案里。但是家长一定要配合学校和老师，把这次处分事件当成一次教育契机，严肃地和孩子沟通这件事情，教育孩子以后遵规守纪。这么沟通之后，家长对于孩子要受到处分这件事就不那么抵触了，积极配合了学校的工作。

第三个需要团结的力量，就是我们所有的学科老师。在与“F7”的“斗智斗勇”中，我们班的每一位学科老师都贡献了非常大的力量。老师们都积极地给我出谋划策，劲儿往一起使，致力于分化这个小团体，将他们过剩的精力转移到学习上来。正是由于老师们无私的帮助，期中考试以后，班级的纪律情况逐渐好转，这几个学生也将注意力转移到了学习上，期末考试都取得了不错的成绩。

除了团结一切可以团结的力量，我还注重对学生行为进行及时记录与反馈。我准备了两个记录本，一个给班长，一个给学委，让他们记录班级所有同学的考勤及课堂表现，每周反馈一次。我会及时地拿着这些记录和违反纪律的同学沟通，告诉他们如果屡教不改，那就按照记录依据校规进行处罚。当然了，班主任在和同学们的“较量”中，讲理也要讲情。在对“F7”的教育当中，我严格依据班规及奖惩制度进行处罚，目的是让他们对纪律有正确的认识，对是非有明确的观念。但也注重对他们情感的教育，适时的关心、恰到好处的点拨，让他们体会到老师对他们的爱和鼓励，从而形成更为融洽的师生关系。

最后，针对这种人数可观的小团体，一定要想办法弱化他们对班级的负能量。我一开始尝试过分化这个小团体，但是效果不尽如人意。后来我改变了方法，引导他们把旺盛的精力转移到正能量的集体活动和学习上来。我是这么做的：首先通过观察，确定 7 个人中说话最有分量的那个同学。这是个十分聪明且精力旺盛的学生。他初中就读于一所名校，那所学校的管理办法是没有班主任，主要依靠学生的自律。这位同学习惯了初中自由自在的生活，对于高中的一些基本要求，比如不迟到、不旷课，按时交作业等，非常不适应。不仅如此，他还带动小团体的同学和他一起迟到、旷课。后来通过和学生本人及家长的几次谈话之后，我发现家长和学生对自身的定位还是挺高的，不满足于目前的成绩，而且这个学生精力旺盛，学习上并没有怎么努力。在和家长统一战线之后，我们一起和孩子谈了一次话。这次谈话恰逢期中考试之后，这个学生考得并不理想。谈话的重点也不是常规管理，而是从学习成绩入手，让他认识到自身的潜力还没有发挥出来，并鼓励他努力学习，争取高二将成绩提升到自己的目标水平。谈话结尾顺便提到了遵规守纪的问题，告诉他遵规守纪是取得良好成绩的基本保障，班级整体学习氛围变好，对所有人都有益。这次的谈话效果非常好，首先，这个学生从此学习特别积极，热情高涨。因为他是团体的核心，他这一转变，剩下的孩子或多或少也开始爱学习了。借此机会，我又和部分团体成员谈了谈，效果也不错。当然了，对这个学生的这种教育是持续性的，老师要定期对他取得的成绩进行肯定以及提出新的目标。期末这个学生考了我们班第一、全年级第二。学生和家长都非常开心，知道成绩立刻和我分享了喜悦的心情，当然我也及时地进行了肯定和鼓励。这个小团体目前依然存在，但是他们的目标转移了，从调皮捣蛋变成了积极学习，因此我们班的氛围也整体向好。所以，在解决班里小团体的问题时，我们可以试试对小团体成员进行引导教育，树立学习目标，可能比分化他们要更加行之有效。同时，我们还要加强班级的班风建设和班级文化建设，拉动更多学生形成共同的目标和积极观念，让班级形成乐学善思、团结友爱的氛围，让小团体融入这样的主流氛围中，小团体也就自然融入大团体里去了。

以上就是我对班级教育的一些心得，老师在和学生打交道的过程中，要团结一切力量，家校共同合作，引导学生树立学习目标等。总之，方式方法一定不能一成不变，学生本身就是时时变化的，一定要根据不同的学生，甚至同一个学生的不同发展阶段，制定不同的策略、不同的谈话内容。只有我们“善变”，才能取得主动权，让学生跟着我们的节奏走。

浅谈如何与学生沟通

——用爱浇灌幸福之花

“没有爱就没有教育”，教育一定离不开爱。我因为热爱教育，本硕共读了七年的师范，工作后也是带着这份热爱去对待我的工作、我的学生。回想入职后，一路走来经历了很多班级管理中各种大小事务处理方式的改变、个人心态的改变，但不变的就是这份爱。而与学生沟通，当然是以爱为出发点。之前听过“亲其师，信其道”，现在成为一名教师，才真正体会到这句话的含义。良好的师生关系是产生教育效能的首要条件，只有加强与学生的沟通，师生情感和谐融洽，学生才能“信其道”。以下是这些年我在实践过程中行之有效的方法与经验。

一、制定有温度的规则——严中有爱

初当班主任，听有经验的老师们说，前三个月或者前一个学期非常关键，树立好规则之后会觉得相对来说轻松些。我想是因为这个阶段是树立规则意识的重要阶段，更是定班级基调的重要阶段。所以我开学的前期工作主要就是定规则，后期再根据实际情况不断完善。

对于班规的制定，还有其他班级事务，以及校规校纪，学生有不理解的我都会耐心解答，学生知道背后的道理后会容易接受，自觉遵守，所以我采用了比较温暖的方式，制定了一些有温度的规则。

1. 不说“要求学生 7:20 前到班”，而是“到班后大家需要上交作业，课代表要收齐放到老师办公室，这样不耽误上早读”。

2. 不说“中午饭后不许踢/打球，赶紧回班，必须 12:10 前到班”，而

是“中午吃完饭尽量不去踢/打球，对胃不好，可以适当溜达溜达，消消食、聊聊天，按时回班”。

3. 不说“学校要进行德育大检查，不合格的同学今天必须去理发、剪指甲等”，而是说“长指甲里有细菌”，“头发剪短了看着就是帅气，这就是青春的气息啊”。

4. 平时遇到破坏公物、扰乱课堂纪律、同学发生矛盾、亲子关系紧张等情况不是责怪或用条条框框贴标签，而是说“勇于承认错误是有担当的表现，犯错不可怕，重点是改正错误”“说脏话、上课闲聊天只是个人品质的外在表现，无关其他”等，也会半开玩笑地指出出现的问题(在大家面前给学生留点面子，其实我们点一下他他就能认识到问题了，不必严厉批评，他反而觉得自己确实错了应该改正)。

有了这些有温度的规则，班级整体比较稳定，获得年级和任课老师们的一致好评，被评价为纪律好、集体荣誉感强、三观很正……通过大家的共同努力，班级曾获海淀学区星星火炬奖、校先进班集体、优秀班集体、德育量化先进班、班级管理量化评比优胜奖等。

二、尊重与理解、肯定与鼓励学生——言中有爱

1. 尊重与理解

教师与学生因年龄差距、成长环境、思维方式的不同，很容易产生认知上的差异。我在刚进入教师行业时就经常感到疑惑，“为什么他们连这么简单的事情都不会做”“为什么他们连这么简单的问题都不知道怎么解决”，所以遇到很多事情就比较爱着急，讲课、讲题时容易讲得偏深偏难，其实从研究者的角度觉得自己的教学设计还是不错的，但学生吸收起来会困难一些，所以有时要讲两三遍，为此自己也很焦虑。此外在与家长沟通时，家长也会提出类似的想法。后来我发现不管是在学习上还是生活上，在我们看来非常简单的问题，有的学生就是没有那么快理解，首先我们应

该认识到并尊重和理解这种差异，他们在这个年龄段不知道不明白是非常正常的，不能简单认为是知识简单、题简单，而忽略了孩子本身的年龄特点和认知基础。

于是我迅速调整，和学生沟通时经常站在学生的角度看问题，尊重、理解他们，就发现自己与学生的距离变近了，所讲的课、讲的题或者讲的道理他们都能听懂并且接受了。比如，当学生出现问题或者犯错误时，我就会先去询问学生这么做的原因是什么，对他的行为表示理解，与他共情，而不是不分青红皂白就去批评。那从学生的角度来看，学生会觉得老师和他是站在一边的，老师理解他，接下来他对于我们的教育也就会更容易接受。

不只是教师与学生、家长与孩子之间，同学与同学之间也是这样，多引导他们互相理解，慢慢地，学生就会学会换位思考，多方面考虑问题。在这个过程中，大家之间的信任就建立起来了，学生也就慢慢学会理解和尊重他人，及时解开误会，而且还学会去开解他人，处理他人的问题。

比如我们班上曾经出现了第一次，也是目前为止唯一一次的打架事件。这起事件是由两个男生之间的口角引发的，其中一个男生说话比较冲，另一个男生无法忍受并动了手。被推的男生也立刻急了起来，于是两人就开始打起来了。当同学们把他们带到我面前时，我看到他们面红耳赤，他们的眼神也展现出我从未在他们脸上见过的凶狠。

对我来说，这是第一次遇见打架的情况，但我首先想到的并不是生气，也不是想着怎么打架了，怎么给我添麻烦了。相反，我想知道为什么这两个孩子突然变得与平时不同。因此，我用温柔的语气耐心地询问了他们的想法。原来，他们在小学时受到过同学们的欺负，这给他们留下了心理阴影，那些没被治愈的伤痛都化作了敏感的防御机制，到现在依然在影响着他们，比如把别人过冲的言语当成羞辱，当别人推搡自己时就反击自保。我首先抱抱了他们，感到非常心疼。看到他们的情绪慢慢稳定下来，我再问他们，现在我们还处在那个不安全的环境中吗？我们班上的同学爱欺负别人吗？他们经过一番思考后回答：不是。他们意识到自己的反应过激了。

接着，我引导他们思考，如果他们是对方的话，被骂或被打，会有什么感受？因为我们不了解别人经历过什么，所以我们自己的行为很有可能会伤害到他人。慢慢地，他们也能够站在对方的角度考虑问题了，并认识到了自己的问题。他们主动向对方道歉，并握手言和。到现在为止，他们的关系都很好。而且，当其他同学发生矛盾时，他们也会用类似的方法去劝说同学，这让我感到非常欣慰。

2. 肯定与鼓励

人都有被肯定的需求，老师的表扬会让学生感觉到自己的价值。表扬好的，不仅被表扬者高兴，其实也是在带动那些表现不够好的。所以除了尊重、理解学生，我还会及时给予学生肯定和鼓励，并且以多种多样的形式，比如期中期末后的评奖评优，奖状是由学生选择自己喜欢的样式，我再为他们“私人订制”。另外我会制作“刮刮乐”抽奖，奖品也是多种多样的，除笔、笔记本、便利贴等文具外，还有学生自己喜欢的贴画、零食，甚至有同学说就想要老师的一个拥抱，等等。我想学生站在领奖台上时那么开心，是真的想要那支笔、那个本、那张贴画吗？有的同学只想要老师的一个拥抱，想要老师帮他“盖一下章”，我想他们在乎的是自己被关注、仿佛置身于闪光灯下的那种幸福感，还有站在领奖台、背景音乐为他响起(或是我放 PPT，又或是台下同学们伴奏的)、台下同学为他鼓掌、老师为他拍照留念的那种仪式感，以及自己努力后有结果的那种获得感和成就感。

这种表扬不只是在学生获得成绩或者评优后，更是在每天的学习和生活中，例如学生熟练地背诵下来一首诗——“肯努力”，或是逻辑清晰地讲了一道题——“爱思考”，或是习惯性地跟老师或同学说声谢谢——“懂感恩”，或是虽然遇到困难但仍顺利完成老师布置的工作——“有担当”，等等。我不仅自己多多表扬，还发动全班同学互相表扬。学会欣赏别人，也能体会到帮助人的快乐，进而传递正能量。

三、以身作则、身体力行——行中有爱

我意识到这一点的重要性是因为我们学校初一和初二年级是错峰吃饭，一个年级11:30，另一年级就是11:55，过一段时间再调换，由于刚开始错峰，调换的时间有时会调整，需要逐级通知。有一次因为当天事情太多，我完全忘记通知同学们当天是调换时间了，我以为说了但实际上并没有，导致同学们吃饭没安排好。我就在班里跟大家道歉，说“是我的责任”。后来班干部小C忘记了一件事情，她也当着大家的面道歉，说了同样的一句话“是我的责任”。当时我听到就觉得很惊讶，才发现原来我的行为学生是会记在心里的，也慢慢意识到，他们真的会模仿老师。比如多问为什么，比如在判断一件事情是非对错之前先询问他人想法，比如有一次我在班上做自我反思，之后的一次家长会上就有学生代表分享，她在假期里每天晚上都会做自我反思，对于当天自己做得不足的地方及时想办法改正。后来我们班就形成了习惯，每次期中、期末后班里都有一个自我反思分享的活动。

其实我们老师说什么做什么，学生都是看在眼里的，并且会对他们产生潜移默化的影响。认识到这些后，我更加觉得教师对学生的重要性和影响力，所以也更加注重自己的言行，争取做学生的榜样。正所谓“学为人师，行为世范”，我们教师要努力树立自己的形象，规范自己的行为，为学生做好典范。

总之，平时不管是说话还是做事时，要让学生感觉到老师真的很爱他们，老师是与他们站在一起的，遇到问题也会和他们一起解决，而不是站在对立面，管着他、针对他、让他不舒服的。因为被爱，所以也拥有了爱

的能力，并能把这份爱传递下去。

所以，有的时候学生不是真的学不会，或者行为习惯不是真的那么不好，而是缺乏自己能学会、能做到的信心和勇气，他们受到的打击和否定太多了，很有挫败感。他们很善良，就像一棵小树苗，只要我们给他们浇一点水，爱他们、呵护他们，他们就会茁壮成长，或许不会那么漂亮，但至少很健康，而且会在不断得到引领、得到鼓励、得到理解、得到尊重、得到爱护的过程中不断进步，成为更好的自己。

焦点解决技术在班级手机管理中的应用与实践

班级事件层出不穷，尤其是手机问题。为了保障学生在校学习时不受手机干扰，学校征求家长意见后决定学生入校上交手机，由老师统一保管，放学再统一发放给学生。然而在执行的过程中，学生仍然会出现不交手机的情况，甚至还有偷藏手机和带多个手机上学的情况发生，学生总能想到一些办法把手机留在身边，班主任管理起来很困难。

如果发现学生未上交手机，常常就是直接没收，口头批评，但是这样学生只是表面服从，并没有真正解决问题。然而使用焦点解决技术，却可以慢慢地激发学生自我管理的意识，提升学生的自我管理能力，作为班主任也能松松绑，变为学生的同盟，而不是作为一个“督查员”时刻跟学生做斗争。

具体如何来做呢？以下是我用焦点解决技术与学生对话的案例。

一、案例背景

小 A 对手机很依赖，经常谎称自己没带手机，于是不上交手机。某次我在课间巡查时发现小 A 的桌斗里有手机，而手机上显示着游戏的界面，这些迹象说明他大概率上课在玩手机。也许你会觉得，这时候可以批评学生，然后跟学生讲明理由没收手机，事后再与家长沟通共同管教。我也尝试过，但事实证明这种方法对于小 A 这样的孩子来说收效甚微，而用焦点解决技术处理这种情况效果更加明显。

二、解决步骤

1. 共情＋找目标

学生错误行为背后一定有一个积极的需求，需求本身没有问题，只是学生满足需求的行为有问题，我们需要相信，每个学生都是向上向善的。所以第一步，我们可以先去倾听学生错误行为背后的想法，试图去找到那个积极的需求，这常常是教师和学生共同的目标。于是我整理好小 A 上课玩游戏的证据后找到他，并询问他没有上交手机的理由。

师：我今天巡查教室的时候发现你的桌斗里有手机，上面开着游戏界面。我心里有疑问，所以去核实了监控，我发现你在上课的时候玩游戏，你这样做肯定有你的原因和考虑，你能跟我说说吗？

生：我今天心情不好，玩游戏能缓解坏心情，不交手机是因为手机放在自己手里踏实，而且偶尔心情不好的时候可以跟妈妈倾诉缓解一下。

师：哦，你心情不好，而玩游戏或跟妈妈聊天倾诉可以帮助你调整心情，这个过程需要用到手机，是吗？

生：是的。

师：我想你肯定也清楚，上课玩手机是违反纪律的，但我知道，你的目的是缓解心情，并不是故意破坏纪律，我想你心里也并不好受，是这样吗？

生：是的，老师。

师：那面对当前的情况，我们来商量一下，你想想我可以帮你什么？

生：老师，怎样可以不玩手机心情还能好一些呢？

2. 目标评量

目标评量的作用是用打分的方式，和学生一起评估、检视目标的状态，帮助学生评估目标和现状的距离，引导学生逐步实现目标。

师：你刚刚说，你的目标是想在不玩手机的情况下调节坏心情，我想先了解一下，如果这个目标达成后是 10 分的状态，目标没有达成是 0 分的状态，你觉得你当前的状态是多少分？

生：0 分。

师：0 分，为什么呢？

生：因为没有上交手机，我觉得表现不够好。

师：那你希望自己达到几分的状态呢？

生：5 分吧。

师：5 分，你觉得 5 分是怎样的状态呢？

生：5 分的话，我觉得至少我能上交手机，上课的时候不玩手机了。

3. 找例外资源

学生是处于不断变化和成长中的，不可能一直处在问题中，“例外资源”就是指学生曾经没有处于问题中的那一刻，去找到那样的时刻，因为这个时刻里常常蕴含着学生的成功经验，这些成功经验就可能成为当前的解决资源。

师：嗯，那来想想，你有没有哪些时候没有玩手机，但心情是好一些的？哪怕只是好一点点。

生：嗯……有一次我跟同学聊天倾诉，心情会好一点。

师：哦！那看来朋友的陪伴能帮助你调节心情，还有吗？

生：嗯，有一次我课间看了一本很喜欢的小说，心情也好一些。

师：嗯，很好，好像你又找到了一个不错的方法。还有吗？

生：嗯……不知道，想不起来了。

师：我觉得已经很厉害了，你已经回忆起了一些好的方法，我能看出来你确实是为了调节心情，你真的曾经努力了很多，真的很不容易，给你点赞！

4. 行动一小步

千里之行始于足下，这一步非常关键。当与学生共同探讨行动的目标以及一些有用的、积极的例外资源时，就可以开始去探讨接下来具体怎么行动了，约定一个行动的计划，让学生小步行动起来。

要注意，尽量从最小的行动做起，因为小行动更好实施，也能更快获得行动的效果，只有让学生更快地感受到行动的效果，他才能有更强的行动动力，从而获得更多的信心与力量。

师：嗯，那我们来想想，怎样能让你更顺利地上交手机呢？我想关键还是需要有其他的方式让你调节坏心情，这样你就能更顺利地管理自己上交手机是吗？

生：嗯，是的。

生：我可以在心情不好的时候来找您或找同学倾诉，这样可能会好一些。

师：好的，没问题，如果一时找不到我或适合的同学呢？有没有其他的方法？

生：那我可以看我喜欢的小说。

师：嗯，我觉得这个方式挺好的。也可以看看心理学之类的书籍，会有一些调节心情的办法，说不定会有用。

生：嗯，我觉得可以。

师：那做到这些，你就可以调节心情然后顺利地上交手机吗？

生：老师我对手机比较依赖，咱们每天 8 节课，如果一直上交手机，我可能坚持不了，我能不能上交手机后，课间的时候过来看一眼手机？

师：如果课间的时候能看一眼手机，就能帮助你上课期间上交手机是吗？看一眼是看多久？

生：是的，看一眼就是，最多 5 分钟，可以吗？

师：嗯，我觉得可以，那就先这样尝试一下，我们一起看看情况，你准备从哪天开始？

生：明天就可以开始。

师：好，那我们明天就开始，有什么困难，我们随时讨论好吗？

生：好的，谢谢老师。

经过一段时间与小A反复强化目标并沟通，小A最终已经能做到入校上交手机，同时课间看手机的次数也越来越少，跟老师和同学交流的频率变多，经常能见到他出入办公室的身影，性格也变得开朗许多。让人意外的是，他还对心理学产生了浓厚的兴趣。其实没有人比自己更了解自己，只要有恰当的引导，学生都能成为解决自己问题的专家。

三、经验总结

1. 教师要“放下评价”，“共情”学生行为背后的积极需求，时刻提醒自己是学生的“同盟军”而非“督查员”。

2. 教师在运用焦点解决技术的过程中，要注意协助学生制定合理的目标。目标不宜过高，从最小的行动开始，让学生努力后就能达到。如果目标实行起来有阻力，就尝试与学生讨论调低目标。

3. 我们要相信每个学生都是充满能力和潜力的，有时候他们只是暂时失去方向或解决问题的信心，只要我们发自内心地相信学生的能力并耐心引导，学生都能成为解决自己问题的专家。

第六篇

同心共育，和合共生

——家校协同的生态之桥

万人操弓，共射一招，招无不中。

——《吕氏春秋·察贤》

家校共育是教育现代化的核心命题，也是实现学生全面发展的重要路径。正如《吕氏春秋》所言：“万人操弓，共射一招，招无不中。”家校合作的精髓便在于以学生成长为共同靶心，家校凝聚合力，共同施策。通过家校共育，家长的角色不再是“旁观者”，而是“参与者”，他们在家长学校、志愿服务等平台中传递智慧与育人良策；而教师则成为建设“教联体”的桥梁，用专业能力和温暖情怀激活着教育的可能性。本篇里教师的经验案例，体现着家校共育迭代模型：从机械分工到生命共同体的进化路径。

从分工到共生：超越“责任边界论”，构建教育生命共同体。

从理论到田野：将抽象理念转化为可触摸的教育现场。

从经验到智能：数字化转型中家校角色的重新定义。

教育不是孤岛，而是家庭、学校、社会共生的生态系统，当学校教育资源、家庭养育策略与社会专业服务形成闭环，教育才能真正实现“一个都不能少”的承诺。合上本篇时，可以试着问问自己，如果我是老师，面对学生的违纪，能否保持耐心？如果我是老师，会用什么方式守护那个特别的孩子？信任可以破除壁垒，共情可以消解对立，愿你我都带着这样的信念，到那时，家校共育不再是一种教育手段，而是聚焦人的完整发展，呈现教育本身最美的样子。

有思有序的家长会，助力学生优质成长

苏联著名教育家霍姆林斯基曾经说过，教育的完善，它的社会性的深化，并不意味着家庭作用的削弱，而是意味着家庭作用的加强。可以看出，教育的效果是家庭教育和学校教育的合力，两者相辅相成，相得益彰。如何使学校教育与家庭教育一致，形成一股合力，促进教育的结果，建构有效的家校合作方式，使教育效果趋于完善，这是一个值得我们所有教师深入思考的事情。

家长会是家校合作的重要的、最主要的途径，也是家长深入了解学校教育理念、班级文化和环境建设，以及学生的学习和各方面情况的主要方式。因此，成功的家长会既为家校联手教育提供了一个交流的平台，也为对方的教育互相提供支持和资源。利用好每学期两次的家长会，理性地、系统地、规律性地向家长渗透教育理念和方法，潜移默化地影响家长们的思想和观念，我们的教育也就能形成一股绳，汇成一股力，聚成一条心。

我们学校高中三年的班级安排是这样的：高一新生入学时会从整体上进行一次分班，高一第二学期结束时会按照学生的不同选考科目再重新进行分班。因此，高中的班主任在高中三年实际要面对的是两个不同的班级。按照不同的阶段和目标，确定班会的内容和主题为：高一新生入学后的第一个学期和高二上学期，以渗透教育理念，与家长建立信任为目标，理解并配合学校和年级的教育教学工作，帮助学生养成良好的习惯；高一下学期，指导家长和孩子一起做好未来职业规划，树立目标，制定方向，为高考选科做准备；高二下学期，指导家长如何帮助孩子树立目标，并制订详细计划和措施，鼓励并监督孩子端正态度，向着目标努力，在这个过程中教会孩子如果遇到困难如何调整方法，并实时动态地调整目标，重新树立信念，奋起直追；高三一年，学生的主要任务是高考备考，家长在备考的过程中也起到了重要的作用。因此在高三上学期的家长会上，可以指导家长如何更好地帮助孩子进行复习，比如以鼓励支持为主，时刻关注孩子们的思想态度变化，尤其是在考试前后孩子的学习心理变化情况。以科学的方法助力孩子的高考，尽量减少唠叨，让孩子们能够心态平稳地、踏实地复习。高三下学期，尤其是一模二模前后，关注学生心理，胜不骄败不馁，帮助孩子强化学习信念，引导孩子们在考试中反思，在反思中成长、努力提升，平稳心态，迎接高考，实现高考胜利的最终目标！

作为家长，他们最关心的其实还是孩子的成绩。成绩的提升会使得家长和学生更加地信任老师。所以，在家长会上除了汇报成绩以外，我觉得更重要的是指导家长如何尽自己所能帮助孩子提高成绩。以高三第一学期期中考试后的家长会为例，指导家长如何全面了解孩子的学习情况，帮助并监督孩子树立目标，制定规划并执行。

一、会前做调查和了解

为了从专业的角度引导家长和孩子们正确定位自己，找到自己学习上存在的问题并给出合理可行的建议，家长会前，我特意做了一个调查问卷。问卷中依据学生平时的学习状况和成绩情况，将学生的学习状态划分为以下几种类型：苦学无效型、贪玩厌学型、粗心大意型、偏科型、盲目无目标型、眼高手低型、想学好但又坚持不了型、学习不得法型和基础薄弱型。请家长和孩子们分别进行投票，结果如下：

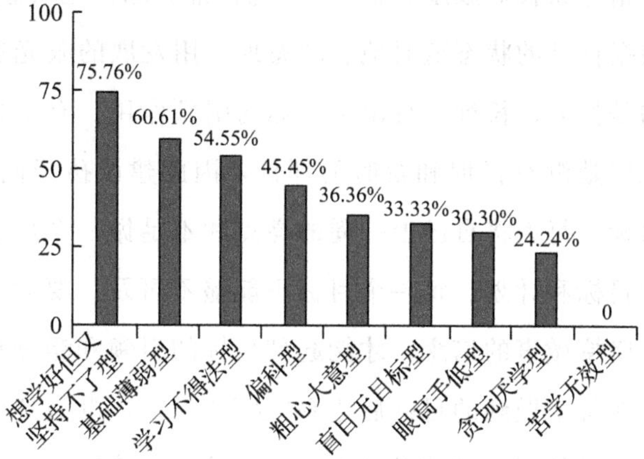

图 1　家长投票结果

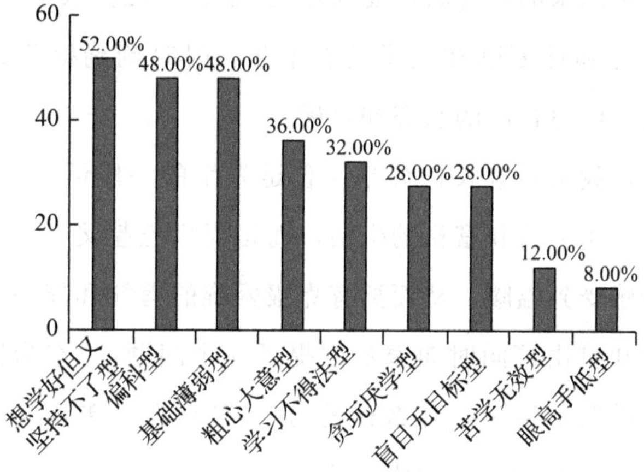

图 2　学生投票结果

可以看出，家长对孩子的定位和孩子的自我定位大体一致，但也略有差异。

二、会中做分析和指导

结果显示，不管是家长还是学生，“想学好但又坚持不了”的孩子占了最高的比重。究其原因是缺少明确的目标引领和及时的评价激励。于是，我在家长会上指导家长们鼓励并监督孩子们“常立志，立长志”。“常”指的是经常，要根据自己的状态随时地、动态地、用发展的眼光更新自己的目标；“长”指的是长久、长远，突出了目标的引领作用。有了目标之后坚持不了的主要原因是没有督促和及时的评价，因此建议孩子们要“常立志”，每周都有小目标。每人将自己上一周的亮点和不足做一个反思和小结，并写下下一周的目标和计划。每一个目标不能遥不可及，要切实可行，这样才能培育自己坚持做事的信念，才能起到目标的引领和激励作用。并且每周反思时，要在每个做到的目标后边画“√”并评价，没做到或没做好的画“×”并反思，这样的记录能带来看得见的成就感和鞭策。还要“立长志”，引导孩子们写下期中或期末的中期目标，立下高考要考取哪所学校的长远目标。在立期中期末的目标时，要遵循《孙子兵法》的“求上”原则。每人将自己写下的目标和计划贴在桌子的右上角，时时刻刻提醒自己，每周更新，及时反馈和调整自己的状态和目标。

家长会上，我又和家长们分享了鲁迅先生的一段话：“父母存在的意义，不是给予孩子舒适和富裕的生活，而是当你想起父母时，你的内心会充满力量，会感受到温暖，从而拥有克服困难的勇气和能力！因此获得人生真正的乐趣和自由！”同时向家长们提了几个问题，“作为家长，您在孩子之前的成长道路上给予了什么样的力量?”“现在，您可以为孩子提供什么样的支持和帮助?”“在孩子‘常立志，立长志’上，您可以为孩子提供什么样的支持和帮助?”可以提醒家长对孩子做好一对一监督和支持，做到四个“一定要”：一定要细化，如每天做到记5个单词，每日一练等；一定要可行，量力而行，立下就要尽力做到，把目标转化为动力和行动；一定要反馈，评价反思，调整规划，获得成就感；一定要肯定，来自家长和老师的激励能让学生增强信心。

三、会后做追踪和反馈

家长会是班主任工作中家校沟通的重要一环，通过平时针对个别学生的具体问题在家长会后跟家长进行单独交流等方式，才能发挥出更好的效果。于是家长会后，我特意指定了几名学生和家长，按照这次家长会中指出的不良学习习惯和方法进一步改进学生的学习方法，并把学习的成效随时向我反馈。其中有一名叫小钧的同学，总成绩在班里是第一名，但是英语特别不好，据他说是从小就英语不好。我建议他会后先去找英语老师沟通一下他英语学习的问题，然后针对问题做出改变。英语老师建议他先从提高单词量开始。于是，他准备了一个小册子，给自己制定目标，每天记至少 20 个单词，并同时加大对英语短文的阅读和背诵。在这个过程中，他的家长也随时和我保持联系，觉得他状态不错时，我和他的家长都同时表扬他，增强他的获得感和成就感。不在状态时，我和他的家长也同时鼓励他，告诉他坚持才能有收获。终于，功夫不负有心人，一模考试中，他的英语成绩取得了有史以来最好的成绩，118 分！(原来的成绩一直在 80 多分徘徊)在一模之后的学习经验交流会上，他还向同学们分享交流他提高成绩的方法。

还有家长跟我说："老师，这样的方法真好，原来一说孩子他就烦，说我不懂，现在有了您的方法指导之后，我也知道该怎么和他谈了，也知道可以在哪些地方帮助他。"听了家长的反馈，也坚定了我的教育理念。

总之，反思每一次家长会，要想家长会有实效，需要做到以下几点：首先，在家长会前做好充足的准备，制定家长会的教育目标；其次，在教育目标的引领下，制定实施规划和方案，一定要预先判断出这一过程中可能出现的困难，并配有针对性的解决方案和建议；最后，家长会后一定要有追踪和反馈，适时给出评价，并加以指导。

利用好每一次和家长交流的机会，将教育理念和教育目标与家长们进行沟通，从专业的角度提供一些能引起家长思考和共鸣的资源和信息，信任家长一定能够和学校教育方向达成一致，使得家庭教育和学校教育互相支持，互为资源。学生在学校的积极向上的表现和成绩，会促进家长对学校和老师产生更多的信任，更加积极主动地配合班主任的工作。同时，学生从家长会后家长在家庭教育上的积极变化中，也会产生对班主任的认同和信任，为今后的班级日常管理工作奠定良好的基础。老师、家长和学生，两两互相信任，三方形成一个良好的、稳固的循环信任机制。开好每一次家长会，重视每一次和家长交流的机会，对于形成家庭教育和学校教育合力，致力于学生长远发展和提升来说很有意义，为此我还会继续探索和尝试。

班级群——家校沟通平台搭建经验

没有家庭教育的学校教育、没有学校教育的家庭教育，都很难独自完成培养孩子成才的使命。在教育孩子这条路上，老师和家长应该互相尊重与信任，成为合作伙伴携手同行。

我在班主任工作中，重视建立良好的家校沟通环境。家校沟通的途径有很多，传统的方式有召开家长会、拨打电话、家访、邀约面谈，近几年新采用的方式有班级微信群、学校组织的线上/线下家长课堂等。

作为班主任老师，在众多家校沟通方式中，每天都要用到的一定是班级微信群。如何才能让班级群发挥最大的作用，让教学管理工作更轻松高效，这里面其实还有很多的门道。那么一个班集体建立之初，如何快速建群？日常又该如何管理？如何用好班级群呢？下面给大家分享一些我的方法。

一、如何建群

接手一个新班级时，首要问题是如何快速建立家长微信群。

思考过逐一添加家长微信，但是容易漏加，操作起来效率低。也思考过把手机号发给学生请家长添加好友，但是我注册的微信和使用的手机号不统一，无法操作。终于，联想到马路上商家的方法——充分利用二维码！我在学生报道时直接把班级群的二维码打印发放给学生，家长直接扫码入群。仅一个晚上，班级群就顺利建成。

二、如何管理

没有规矩，不成方圆。班级群要有明确的功能和要求。

群公告内容如下：

各位家长好！我是初一(2)班的班主任白老师，为方便大家及时了解孩子的在校情况，知晓学校通知安排，交流教育管理经验，特搭建北京市第十九中学初一(2)班教师家长交流平台。相识是缘，为更好助力孩子们初中学习生活，我们制定如下公约：

1. 班级群实行实名制，微信群成员一般仅限学生本人及父母。请学生更改群昵称为“某某某”，请学生家长更改群昵称为“某某某爸爸”或“某某某妈妈”。

2. 本群主要发布学校、班级事务通知，以及学生在校学习等情况的反馈，如有非共性问题，首选私信老师。

另外，很多家长擅长使用手机，但是也要考虑到部分家长不会熟练操作。因此，每次遇到需要家长手机操作完成的任务，我都制作出一份操作说明。比如更改群名片，我会附上截屏教家长如何改群名片。再比如，有些上级发布的只有家长才能完成的任务，我会向家长求助，请他在完成的时候将每一步操作截屏，制作一份说明发到班级群。

当然，班级群内偶尔也会遇到突发情况。我觉得重中之重就是要保证自己情绪平稳，理智思考。有时候需要及时回应，有时候需要沉默。

三、如何用群

1. 寻找家委会代表

建群初始，我内心已经明确了微信群的主要任务是发通知，群气氛要融洽。因为最初家长和老师之间、家长和家长之间都很陌生，因此我并没有马上就公布群规定，而是给家长发言的自由，便于沟通。同时观察哪些家长更热心，更充满正能量，更容易沟通交流，物色家委会代表。我会拍摄很多孩子们参加校内活动的照片实时发送到班级群，有的家长就会在群里互动，这些家长大部分性格外向，善于沟通交流。

2. 营造互助气氛

有后进群的家长，在群里寻求帮助希望其他家长帮忙转发进群前的信息，但是过了一夜没有任何一个家长给予帮助。此时，我单独找了张同学妈妈，希望她能在群里帮助这个家长，协助我一起将班级群互帮互助的气氛营造起来。张同学妈妈爽快地答应了，在她帮助那个家长之后，我专门在群里感谢张同学妈妈。每次家长在群里给予别人帮助，我都送花感谢！渐渐地班级群的气氛越来越好。

3. 共对问题

元旦前夕，班里学生申请召开联欢会，毕竟期末要以学业为重，我提了一个要求：所有同学都要遵守纪律认真学习，不能因为要开联欢会心浮气躁，否则随时取消。班上 Z 同学性格活泼，课上爱说话。联欢会前一天下午，学习委员小 T 同学在历史课后找我，告知 Z 同学和另外两名同学课上说话，刚做手术回来的历史老师批评后也不管用，老师很生气。我叫来 3 位同学，本想批评引导就可以，怎料 Z 同学一直狡辩顶嘴，我也被“成功”激怒，便在班级群点名三位家长，简述了这件事情。同时通知全班同学，明天的元旦联欢会取消。我之所以说取消联欢会，是因为他们违反约定在先，又顶撞历史老师，再顶撞我。我知道这个决定犹如向平静的湖面扔一颗石子，后面会有更多的问题。

如我所料，晚上我先接到小 T 同学的电话，她和我哭诉放学前 Z 同学指责她打小报告，班里别的同学也有好几个这样指责她的，就是因为她联欢会才取消。她告诉我，班里好几个一直排练节目的女生都哭了。她恳请我恢复联欢会。

我先平复了小 T 同学的情绪。我也想恢复联欢会，但是话已出口，如何收回？我突然意识到这是一次绝佳的家校合作的机会。于是，我在班级微信群发布了以下内容：这是2021年底咱们要一起面对的危机，想想白老师为什么这么决定？最想看到的是什么？今天群内可以自由表达，这件事情与每个人都有关。

起初一些同学私信回答我的问题，我都引导他们去群里。最先发声的是那3位同学的家长，然后小T向大家表达歉意，接着同学们讨论起来，他们认识到每位同学的表现都欠佳，每个人都有责任，是大家没有团结一致制止不好的行为，也意识到历史老师身体没好就赶过来给他们上课的良苦用心。同时，我在群内点名Z同学：你要向另两位同学学习，每次老师批评他们的时候，他们都是认真听。这绝对不是畏惧老师，而是他们真的敬爱老师。终于，Z同学在群里说：我以后会向周围的榜样学习，努力改正自己的缺点，管理好自己的情绪，不断地完善自己。我在上课的时候违反课堂纪律，老师批评我的时候我态度不端正。老师您多次批评我，但是我基本当耳旁风，有时候只能坚持几天，几天后就会现回“原形”。虽然道理我都明白，也能认识到错误，但是自制能力不够，管不住自己，或者说我想改正自己的意志力不高、不够努力。每次老师批评我的时候，我总是能把问题推到别人身上，看不到自己的问题，总是以一种自己有理，自己没有错误的态度去看事情，不能团结同学，总是得理不饶人，揪住别人的辫子不放，扩大别人的错误。对待错误的态度不诚恳，总是为自己开脱。口无遮拦，什么话都敢说。

在Z同学一句一句发表反思的同时，班里其他同学也在帮他认识到自己的问题。我引导Z同学想一想今天的事情最应该感谢谁，他感谢各位同学指出他的错误，帮助他认识到自己的错误，特别是小T同学。此时，群里也有位家长发声：初二(2)班是一个大家庭，小错误可以互相包容，不要互相伤害。白老师真心爱你们每一个孩子，不要伤害爱你的人。毕竟这么大的世界，真心疼爱你的人并不多。老师和家长都是希望你们健康快乐平安地长大。

至此，我在群里抛出最后一个问题：打小报告的定义是什么？同学们继续积极讨论，Z同学说因为他们屡次劝告我们无效，所以才向老师反映。最终达成共识：你能被别人打小报告就说明别人发现了你的问题，你要努力改正。

我送给孩子们一段话：接不住别人的批评，很难进步。这辈子，能批评你的人很少，能真心批评的更少。好好珍惜吧，孩子们。如果你能把身边的老师同学都变成可以“批评”你的人，那你一定是这个世界上最幸福的人。

之后，很多家长私信我，给我点赞，更感叹当老师太不容易，他们家里只有一个娃就很难搞定，您这里要管这么多。

持续近2个小时的班级群内讨论，完美收官，联欢会如期举行！

4. 直播报道

每个家长都关注自己孩子的成长，所以我经常在班级群分享孩子们参加学校活动的照片和视频，比如吃饭、军训、值日、课间户外活动等，既满足了家长的好奇心，又解除了家长的一些担心，拉近了家长和学校的距离，增加家长对老师和孩子的亲近感。同时，也可以让家长及时发现孩子的闪光点，比如为上课表现优秀的同学拍一张合照，这样的变相表扬会让家长倍感欣慰。

在班级联欢会上，还增加了家长线上同步抢答为孩子小组加分的环节，受到“大朋友”和“小朋友”的一致欢迎。这个环节，也是希望家长助力学校，增进亲子关系。

利用微信平台辅助家校沟通，是一种比较有效的方法。微信班级群打破时空界限，构建起牢固的联系纽带，将家长、学生、老师三者紧密地联系起来。班主任理应做一个与时俱进的人，班级管理更要与时俱进。在微信被越来越多的使用者日益青睐的当下，我们在家校联系中也可以充分发挥微信群的作用。“班级微信群，三方聚一起，官方出公告，大家齐响应，校内珍贵照，多多分享妙。”

让我们应用好微信群，让微信群更好地为我们服务，成为教师、家长、学生的“连心桥”。

微光中的希望：关注与肯定的力量

夏天的蝉鸣声声入耳，酷暑难耐，我整理着手机里的旧照片，一段15秒的视频突然跳了出来，勾起了我满满的回忆。视频里的大男孩先是自信满满地保证要开始背单词，然后又挥着手臂说期中考试要努力争取每门课程都及格……最后几秒，是我那爽朗的笑声。他那舒心的笑容和我的笑声，让整个画面都暖洋洋的，往事如潮水般涌上心头。

一、违纪的孩子与临时的家访

记得那天，他在学校犯了大错。我立刻联系了他的父母，希望能一起解决这个问题。在我们交谈的时候，他情绪特别激动，甚至提起了在微信上与人争吵的旧事。这种转移话题的小伎俩，怎么可能逃过我的眼睛呢！既然他坚持要在家里的平板电脑或笔记本电脑上查找记录以证明自己的清白，我心想，这正好是个家访的好机会，也能让我从新的角度了解他。

短短七八公里的路程，我们很快就到了他的家。我和他的母亲先行讨论了他的学习情况，而他则在卧室里忙着在电子产品上查找聊天记录。

虽然是突然的造访，但他们家的整洁程度却让我印象很深刻。无论是客厅还是卧室，每个角落都一尘不染，物品摆放得井然有序，整体风格简洁而优雅。这也就不难理解，为何他总是穿着一尘不染的白色校服，并总是对那些不修边幅的同学不屑一顾。在这次家访中，他的母亲坦诚地表达了对孩子学习成绩的担忧。我耐心地倾听，并适时地提出自己的意见和建议。随着时间的推移，我们的交流逐渐缓解了他的焦虑。

二、追根溯源，找到孩子问题行为的成因

通过与他的父母深入交流，我了解到，他的妈妈是附近村子的居民，而爸爸则是退役后留在北京的军人。一家人在城市里的物质生活条件相当不错，但父母对于孩子即将面临的小升初这一关键过渡期的重要性却知之甚少。勤劳的母亲将家里打理得井然有序，窗明几净，但在面对十三四岁孩子的教育问题时却显得无能为力。日常生活中，母亲常常唠叨，这成了母子之间常态的单向沟通，而四十岁的父亲几乎不参与孩子的教育。父母深知学习的重要性，对通过读书改变孩子命运的渴望让他们急切地希望孩子能够提高成绩，然而，因为缺乏科学的家庭教育方法，在教育孩子的过程中举步维艰。

十几分钟过去了，尽管孩子努力在电子产品上寻找，却始终未能找到能够证明自己清白的证据。

我和他妈妈一同走进了他的卧室时，我被衣柜门上对称排列的奖状所吸引。我迅速浏览了一下，除了一张年级的进步奖外，其余都是我亲手制作的——那些我精心设计的奖状，被他如此整齐地陈列在衣柜上，能看出他对这些荣誉的珍视，也能感受到，他那颗渴望得到认可的心。

然而，现实中的他居家时沉迷于游戏、观看不良视频，在学校的时候，他用低俗的玩笑冒犯女生，对待作业的态度则是能敷衍就敷衍，而在所有的测试中，他都作弊……

这样一个渴望得到认可的孩子，却有很多不良的行为，这种矛盾源于他对自我价值的追求与现实行为之间的冲突。他的内心深处渴望得到认可和尊重，但在行为上却选择了不恰当的方式。这更加需要我们老师和家长共同努力，通过正面的激励和适当的指导帮助孩子认识到，真正的认可来自自己的努力和成长，而不是通过不正当的手段获得的短暂满足。

三、打开心锁，见证成长的微光

这次家访让我找到了打开他心锁的钥匙，那就是给予足够的关注，经常肯定进步，合理表达期待。每当他有所改进，无论多么微小，我都会给予认可。

当他上课玩手机被我收缴后，他没有死缠烂打，而是选择接受，这表明他的成熟，这是值得被肯定的进步。当他再次作弊被发现时，能够及时收手并低头认错，这表明他有羞耻心，也是值得被肯定的进步。当他忘记做值日，一经提醒就能立刻去完成，这表明他的责任感，同样是值得被肯定的进步。更不用说他在数学上主动向老师请教问题，挑战难题，跟自己较劲，这无疑是巨大的进步。

成长不仅是分数和名次的提高，更重要的是信心、勇气、责任感和担当等品质的培养。他行为上的每一个小改变，虽然微小，却如同微光，给我带来了希望。这些改变也证明他在成长的道路上正在稳步前行。

每个孩子都天然地渴望被关注，这是一个孩子最底层的需求。一开始，孩子都会通过达成他人(父母、老师等)的期待去获得关注，比如努力考出好成绩、礼貌、自律。但如果孩子总是不被看见与肯定，或是努力了也没有成果，那孩子就会开始通过一条完全相反的途径获得关注，比如违反纪律、自暴自弃，这些行为本质上，是孩子通过不良行为去获得关注，来证明自己是有“价值”的。

所以，用心关注孩子的进步吧，哪怕这份进步十分微小。欣赏生命的独特之美，于不可为处寻可为，才能拥抱生活的美好，享受职业的幸福。

世界正是因为万事万物不同而呈现出纷繁多彩的姿态，每个孩子也都是家庭的土壤养育出来的独特存在，每个孩子都在走一条不可重来、独一无二的成长之路。只要他持续地反思和成长，就值得我们肯定和赞扬。“作茧自缚”也是蚕成长的必经历程，而每个蚕茧最终都将羽化成蝶！

家校共育的途径

苏霍姆林斯基说过："如果没有整个社会首先是家庭的高度教育素养，那么不管老师付出多大的努力，都收不到完美的效果。学校里的一切问题都会在家庭里折射地反映出来，而学校复杂的教育过程产生的一切困难的根源也都可以追溯到家庭。"所以孩子的教育仅靠学校单方面的力量是难以完成的，需要社会各方面，尤其是家庭的通力合作。因而学校和家庭是儿童教育过程中的天然合作者，因为我们肩负着共同的使命——为了孩子的幸福人生奠基，所以家校共育已经成为学校教育改革的重要方面。下面我就来探讨一下家校共育的途径。

一、家长会和家访

1. 家长会可以成为展示成果的舞台

家长会是家长和老师相互交流学生情况、及时沟通，以便家长和老师调整工作，寻求最佳教育方法和途径的有效渠道。但是有的家长不愿意参加，可能是千篇一律的原因——汇报孩子学习成绩和日常表现，会让后进生的家长每次经历同样的痛苦，自然会有不愿参加家长会的心理动机，学优生家长则认为孩子表现良好，无须担心，自然也会放松对孩子在校情况的关注。所以，我们不能让家长会的实效性降低，可以开展不同形式的家长会，让家长感受到家长会不容错过。家长会可以让家长更加了解我们的班级、学生的日常、我们的工作。我们可以让我们的班委介绍老师，让我们的科代表介绍本学科特点和本学科的兴趣培养，同学们还可以根据在学科上取得的成就进行展示，比如英文歌曲、英文小品、数学有趣发现或推理、语文课本剧、朗诵等。让每个同学都能在家长会上展示自己的成长，不仅可以让学生更加热爱学习、热爱班集体，更有凝聚力，也可以让家长的幸福感和自豪感油然而生，让家长认识到孩子的成长与老师的辛勤耕耘是密不可分的，从而更加配合老师和学校的工作。

2. 家长会可以成为沟通亲情的桥梁

家长会是老师、学生和家长的舞台，是我们良好沟通的绝佳时机。步入初中阶段的孩子渴望自由，张扬个性，希望能够独立，往往与小学时代天天与家长分享喜怒哀乐的孩子大相径庭，因而家长与孩子亲密接触的时机越来越少，能够真心沟通的机会就更不多了。老师和同学们虽然每天朝夕相处，但是能够闲谈漫步、诉说心声的时间也是极其短暂的，所以家长会可以给孩子、老师和家长创造机会。例如，我们 3 月家长会的主题可定为“快乐植树，还给大地一片绿”，地点可以选在郊外，我们组织家庭植树、踏青的同时清理草坪和树林中的垃圾废物等，既可以让我们度过一个有意义的植树节，做好“学雷锋”活动，也给了亲子沟通的空间与时间，还让家庭之间，老师与家长、同学之间有更深的了解，拉近彼此的距离。5 月家长会则以“感恩”为主题，家长会前组织孩子们给家长做贺卡，家长会上让孩子们大声说出对父母的爱，家长会后让孩子们做一件让家长感动的事，并让家长写出他们的感受，反馈给班主任。6 月开展“父爱如山”的家长会，让默默无闻付出的父亲与孩子进行亲密交流。10 月开展“步步登高”的家长会，感受中国传统节日，从小培养孩子的敬老意识，父母给孩子送桂花糕，寓意步步登高等，其实在每一个阶段我们都可以根据班级的实际情况，调整家长会的形式，让家长会成为我们的沟通桥梁，成为学生、老师、家长解决问题的一种途径。

3. 让家长会成为教育家长的平台

班主任的工作不但包括管理好每一个学生及班级事务，还包括联络家长和调动家长的积极性，发挥各自的长处，为同一个目标而努力。那么如何让家长能积极配合和支持我们的工作呢？除了我们单独沟通外，家长会也是一个很好的平台。在我开展的家长会上，我经常会请在某一方面表现优秀的学生家长讲述自己的育儿经，传授给其他家长，还进行“答记者问”，现场提问，“专家”支招或集体讨论分析方案，这也使我们家长们的凝聚力增强，在家长会上有所收获。当然每个班级里都会有几个有“个性”的家长，但是在这种齐心协力的氛围下，那些有“个性”的家长也只能认真地倾听与偷偷地“学艺”了。

家访是我们了解学生原生家庭的重要途径，我们通过家访可以了解孩子的生活环境和孩子真正的兴趣爱好，家长也可以通过和老师的单独沟通，了解孩子在校的表现和需要家长配合教育的事项，从而体会老师对孩子的特殊关爱，增进家长与老师之间的情感。与此同时，通过老师在家访中对孩子的肯定，孩子也会增强自信，有利于孩子的身心发展。

二、互联网平台

我们已经步入了数字化时代，家校共育的途径很多，我们可以利用互联网平台搭建家校沟通的桥梁，如班级微信群、在线教育平台等。通过这些平台，班主任可以及时向家长传达学校的通知、安排以及学生的表现等信息，并与家长进行交流和反馈。我们在群内可以发很多孩子们在校活动的照片和视频，让家长能够时刻关注到孩子的在校状态，这无疑是拉近家长与老师之间关系的桥梁。我们还可以在群内发一些表现突出和有进步的孩子的名单，或一些孩子们的优秀事迹，都会起到肯定孩子们的努力和鼓励孩子们的作用，家长朋友们也会在看到孩子们点滴进步后更加配合学校教育，而每位家长都会相互学习，努力培养孩子们的优秀习惯，这就是家校共育的效果。

三、家庭作业和活动

我们可以通过布置一些与课程相关的家庭作业或活动，鼓励学生与家长一起完成。例如：在我们开展以英雄为主题的班会前可以让孩子采访一下家长心目中的英雄，这不但可以增进亲子感情，而且家长会把自己心中不同时代的英雄与孩子分享，把自己的体会分享给孩子，孩子收获了知识，丰富了对英雄的认识，从而能够崇拜英雄，向英雄学习。我们也可以在学科上布置一些家庭作业，例如在学习多边形内角和时，可以布置一个作业——让家长与孩子一起探究五角星的内角和。孩子们反馈家庭气氛很欢乐，他们战胜了父母，最先找到了解决方法，很喜欢和家长互动，能获得很多成就感，这样不仅可以增加学生与家长之间的沟通和合作，也能够促进学生对所学知识的理解和应用。

四、家校合作活动

我们可以组织一些家校合作的活动，如亲子阅读、亲子游戏等，旨在增进家长与学校之间的信任和合作关系，促进学生全面发展，例如在科技课程中可以让家长参加，并让有经验的家长进行讲解，这样也可让更多有不同实践经验的家长发挥自己的特长，实现家校共育的目标。

总之，我们实现家校共育的途径有很多，让家长主动参与到教育中，这有利于老师与家长、学生的相互交流与协作，有利于孩子身心健康发展，有利于提高认识，统一思想，达到家长和学校对孩子教育目标的一致认同，让家校合作真正发挥其实效性。班主任应积极建立起与家长的密切联系，实现家校共育目标，共同为学生的成长和发展提供支持和指导，为孩子的全方面健康发展而努力，让老师与家长共同培养社会需要的一代代新人。

家校同心筑梦，用爱守护“来自星星”的孩子

如果你的班内有特殊儿童的存在，那么作为一所普通学校其师生之间、同学之间、家长之间必然矛盾丛生。此时的“普特融合”教育会充满挑战，那么当班上有特殊孩子，到底应该怎么办呢？在此，我提供一点我的实践经验。

一、预设问题不回避

在面对特殊学生时，预设问题可以帮助我们提前思考可能出现的挑战和困难，从而制订更有效的教育计划，提供更个性化的支持。

初一刚入学，新班集体组建，我知道我的孩子里面有个“来自星星”的孩子——小宁。从知道有这样一个孩子起，我就开始思考他的“融入问题”。虽然还没有见到他，但10余年的班主任经历让我预见了可能出现的情况——课堂可能被扰乱、学生会反感、其他家长会不满和投诉……怎样化“危机”为转机呢？我开始直面事实并思考对策。

二、教师改变思维定式——特殊学生不是“麻烦”

在教育领域中，特殊学生常常被简单地归入到“麻烦”或者“难以处理”这一类型之中。然而，这种思维定式给特殊学生的学习和发展带来了极为负面的影响。同时，这种心理暗示也不利于教师从积极的角度去面对特殊学生。事实上，特殊学生的存在并不是问题，而是挑战和机遇。

泰国一则广告视频曾深深地触动到我，给我以很深刻的教育启迪。视频以一个教室的场景开篇，但与寻常教室不同的是，教室后面坐着一位白

发苍苍的老人，她是主人公芭乍的母亲。芭乍每天都带着她来上课。这位特殊的“学生”引起了孩子们的好奇心，也分散着他们的注意力。这引起了许多家长的不满，有些家长甚至考虑将孩子转学。

校长注意到了这个问题，找到了芭乍，希望能找人照顾她的母亲。然而，芭乍坚定地拒绝了：“这是我的母亲，我绝对不会让任何人来照顾她。如果没有其他办法……”然而，意外发生了，芭乍的母亲突然消失了。芭乍冲出去大声呼喊：“妈妈！”学生们听到后纷纷帮助芭乍寻找，最终一位学生在回家的路上找到了芭乍的母亲。

原来，芭乍的母亲患有阿尔茨海默病，芭乍不放心让其他人照顾她，只有他能照顾她，而母亲也只有他。从另一个角度来看，在孩子们眼中，芭乍每天用心地照顾自己母亲的“身教”比纸上谈兵更加有效，他们从这种教育方式中学会了孝顺。

视频的结尾，学生们会主动拥抱自己的母亲，会主动牵着母亲的手，有学生坐在妈妈开的车里转头对她说：“等我长大后，我一定会给妈妈开车。”

同样的道理，小宁的出现就像视频里需要被照顾的妈妈一样，对于班里的孩子们来说，是一次可遇而不可求的机会，是给习惯了被爱的孩子们一个“爱别人”的机会。

三、转变学生观念，强化“善良”，弱化“麻烦”

当破除自己的思维定式后，化被动为主动，我开始努力去转变全班同学的观念，我想让整个班级都感受到小宁不是“麻烦”，我希望全班同学去为小宁、为他们自己营造一个包容、有爱的班集体。

我先给孩子们讲了一个《上帝不奖励好孩子》的故事。

一天，一个心理学家接到了一个孩子的电话：“我是个好孩子，我弟弟是个坏孩子。爸爸妈妈要求我们每晚9点上床睡觉，每一次我都很听话按时上床，可弟弟却不听话，每次要一个苹果才肯上床，而他居然每次都能得逞。我也想要一个苹果，但父母从来不给我。为什么弟弟是个坏孩子，他却能得到苹果，而我是个好孩子，却总得不到苹果?”心理学家告诉这个孩子：“其实上帝已经给了你最好的礼物，所以你不需要任何其他的礼物了，你得到的最好的礼物就是你是个好孩子。”

这时候我告诉孩子们，爱护弱小，你们就是全天下最好的孩子，你们能在这里跟老师正常地沟通，你们就比小宁要幸福得多。这时，班里的同学已经将自己定位成爱护弱小的好孩子，所以在之后的日子里，他们把关注点从小宁上课自言自语、玩鼻涕，转移到了小宁的优点上。他们会说：“老师，小宁是个天才，他视唱练耳每次都对，他能画地图，他能把班里同学的学号和人名一个不差地都背下来!”小宁的每个“与众不同”都是孩子们眼睛里的珍宝，在他们眼里，小宁是一个“宝藏男孩”。他们还经常说：“老师，小宁没来，有点儿想他。”“小宁，上课不说话了啊，嘘——”“老师，我站队尾吧，我盯着小宁点儿。”“咱班白板笔咋没了？哦，小宁之前乱画了，我给藏起来了。”

班上的孩子们真的在把小宁当作家里人爱护，他们教他擦食堂的桌子，教他擦黑板，这个“来自星星”的孩子，在班里得到了充分的尊重和保护，他的存在也让班里的孩子有了更多爱人的能力。

四、换位思考，了解家长需求，家校携手共育

学校教育需要家庭教育的密切配合，班主任更需要和家长建立密切的合作关系。只有建立了顺畅的家校沟通渠道，学校教育才能和家庭教育互利互补，特殊孩子的家长尤其需要老师将心比心，换位思考，站在家长的

角度去理解和感受，才能赢得家长的信任和配合。

养育一个“星星孩子”从来不会是一件容易的事情，开学第一个学期，我没有因为小宁出现的琐碎问题联系他的妈妈。作为一个母亲，我尝试着站在小宁妈妈的角度去感受。从幼儿园到小学毕业，将近10年的学校生活，小宁的妈妈一定遭遇了各种各样的“投诉”。她会怎样应对？道歉？流泪？诉说不幸？还是已经麻木了？无论上述哪种情况都对小宁的教育没有任何好处，我需要的是助力，而不是阻力。如果想要最大限度地得到小宁妈妈的配合，我就必须了解小宁妈妈的需求，作为一个特殊孩子的妈妈，她最大的愿望是什么？没有什么比孩子健康快乐成长更重要的了。当然，如果尽量地少“惹麻烦”就更好了。所以，每次班里同学帮助小宁的暖心瞬间我都会同时发到学生群和家长群，这样既肯定了孩子们的行为，又给小宁妈妈传递了正向的信息，可谓一举两得。

果然，很快我就收到了小宁妈妈的微信：“一个同龄集体环境对他非常重要。咱可爱的初一(5)班集体远远好过我的预期，所以非常感谢罗老师！我知道他有很多行为问题，但迄今为止还没收到同学、家长和老师们的‘投诉’，实在是受宠若惊。再谢老师！再谢学校！老师太忙太辛苦了。”我同时把这条微信读给了同学们，同学们都反问小宁有什么好投诉的。

这之后关于小宁的教育似乎越来越简单，有需要单独留意他的地方，不用我去要求，班里的同学就主动做了，我坚持表扬同学们的爱心行为。然后又收到小宁妈妈的感谢，我把这样的感谢又传递给同学们，同学们骄傲又自豪，更加照顾小宁，这样良性的循环系统建立起来之后，即便遇到“大”问题，也迎刃而解。

小宁对车特别感兴趣，所以吃过午饭之后他就会在校园里的地面停车场绕着校园里的车转来转去观察。后来大概是地面的车辆已经不能满足他的好奇心了，他徒步走到了地库。这把我们惊出一身冷汗，我第一时间联系了小宁妈妈，并和班里同学们说了这件事情。到了第二天早晨，我的办公桌就出现了小宁妈妈自制的一张纸条，上面写着："小宁今天是否绕着老师的车转来转去？是、否。小宁今天是否去学校地库？是、否——教师签字。"

第二天中午，班里的同学在吃完午饭后就会提醒他回班看电影。这样的两件事坚持了一个星期，小宁再也没有去过地库。

在过去的一年里，小宁和大家一起成长着。关于小宁的温暖瞬间比比皆是——他学着同学们去厕所洗抹布，觉得抹布有味道，于是从自己家里带了50条抹布给班级用；第一学期结束，他高票当选班里的"文明之星"；小宁妈妈看到班里有同学放学后背诵课文，给同学们买了很多面包加餐；下雨了，小宁没带伞，班里的思远同学和他一起打伞出来，让出了自己的大半个身子……

五、经验总结

1. 每个学生都是独一无二的个体，特殊学生之所以被称为"特殊"，就是因为他们在某些方面与常规学生不同，然而，这并不意味着他们无法成功学习或者融入学校环境中。只要给予他们足够的支持和恰当的引导，他们就一定会融入。

2. 真正的融合教育，不是简简单单的普特孩子混搭，而是班内要从接纳到包容再到合作共同发展，它不能以牺牲任何一方为代价，它必须是适应不同学生的发展需要的。坚持转变学生观念，弱化"麻烦"，就能营造包容有爱的班集体。

3. 做好家校共育，就能达到"1＋1＞2"的效果，就像与小宁妈妈的配合，从开始感同身受的理解，到一视同仁的尊重，到最后的互信共赢，只要家校同心，每个孩子都一定能够快乐健康地成长！

家校心连心

——为孩子的幸福人生奠基

幸福在哪里？人人都在向外寻找着幸福，却不知幸福的源头就在自己的心中。幸福是一种状态，幸福更是一种能力。

党的十九届五中全会审议通过了《中共中央关于制定国民经济和社会发展第十四个五年规划和二〇三五年远景目标的建议》，明确要求“不断增强人民群众获得感、幸福感、安全感，促进人的全面发展和社会全面进步”。

可以说，“幸福感”是美好生活的重要内容。如何为新时代的孩子营造良好的成长空间，提升他们的幸福感？

一、家庭作用

习近平总书记曾说：“家庭是人生的第一课堂，父母是孩子的第一任老师。”经历工作中很多案例后，我意识到：孩子问题的根源往往在家庭教育！父母之爱为孩子成长支撑天地，而母亲的作用尤为特殊。

我们班有这样一个学生，记得初一开学第一天，刚拿到饭卡的小 A 大声质疑卡上的最后一句：本卡所有权及最终解释权归本学校。他的突然发声，引得同学们窃窃私语和一阵嗤笑。我也一下就注意到了他的与众不同。我先肯定了他的质疑精神，同时提醒他有问题一定先举手。所谓：君子敬而无失，与人恭而有礼。我们是一个班集体，心中一定要有他人、有老师。

开学第一周，多位老师反映小 A 听课时总发呆，点名时有抵触状态。心理老师在做活动时发现他写的内容比较暴力。同学之间发生小摩擦的时候，他容易情绪激动，说话语气咄咄逼人。为人师，我要尽力帮助他。他敏感、易怒，我密切关注着，但却用“随意”的方式和他产生一些交集。比如我会在课间走到学生中去询问他们的学习生活、兴趣爱好等，有时会选择到小A周围。此时我会留心观察小A的反应，最初他马上就走开，几次后他有时候会在自己座位上，偶尔会看向我们。过了两周我在和同学们交流时小A就在旁边，我感受到他一直在关注着我们这边的聊天内容。我知道时机到了！我转过头微笑着对他说：“小A，你是不是也喜欢动漫啊？我发现今天聊的这个内容，咱们很多同学都喜欢。”其实，我知道他喜欢动漫，因为他用的文具上有动漫的元素。再比如，我特意翻看了学生的学籍信息，发现他和我居住在同一个小区，在一次做值日后我依次问学生们家住哪里，嘱咐他们路上注意安全，小A出门的时候，我悄悄在他耳边说：“我也住在某某社区。”他惊讶地看着我，什么也没说就走了。在我的课堂上，我从不主动点小A回答问题，但是我经常会看着他讲题，用特别关心、特别喜欢的眼神看着他。

渐渐地，他用微信问我题，在班里凑到我身边就那么安静地看着我。看到这些变化我很开心，但我深知这远远不够。

在班级群和私信交流中，我感受到小A妈妈特别关注孩子的学习情况，在小A成绩不理想时她一定会迅速联系老师。我邀请小A妈妈来学校进行更深入的交流，她却拒绝了，细问原因我才知道，她每次都是瞒着小A与老师联系，她担心来学校被小A知晓后，引起与孩子间的冲突。她抱怨孩子学习时经常发呆，学习效率太低。她提醒该学习了，但孩子总是答应着却不行动。只有她大发脾气孩子才动，越说越来气的后果是孩子开始顶嘴，不再学习。这个问题深深困扰着小A妈妈，她束手无措，甚至因此感到焦虑和委屈。我启发她思考：焦虑情绪的源头在哪？交流的目的是什么？母子交流时您是在解决问题还是情绪发泄？换位思考，孩子需要什么样的母亲？终于，这位强势的妈妈在我面前落泪了……我送给她一句话：温柔地坚持！春风化雨育桃李，当妈妈掌控情绪的能力提升时，孩子就会感受到温暖和幸福。

母亲如大地，厚德载物。大地无条件地接纳一切，把脏臭物孕化成营养滋养万物。孩子就是这大地孕育的小苗。母亲情绪的不稳定如同地震，三天一小震五天一大震，小苗如何生存？我希望这位母亲可以温暖她的孩子。

授人以鱼，不如授人以渔。十九中特别重视家校共育，经常邀请教育专家开设家长课堂。我会私信小A妈妈，温馨提醒他们夫妻一定要参加，并且在讲座结束后和他们夫妻交流听会心得。就这样，这个家庭的气氛一点点地转变了。

小A母亲说："感谢您对我的及时开导，让我的态度改变了，事实证明您说得非常有道理，非常正确！"现在的小A，是一位阳光少年！不仅主动承担了很多班级工作，还有了好朋友，学习成绩更是稳步提高，得到了许多老师的表扬和认可。

二、群体作用

十九中的办学理念是为孩子的幸福人生奠基。学校充分利用家庭和社会资源为学生搭建志愿服务平台。少年先锋团校更是要求学生积极参加社区志愿服务，从而强化学生的责任感和使命感，实现对学生德育的共同培养。班里一位同学主动联系小南庄社区，带领两名同学一起参与到社区服务中，这个人就是小A。小A满脸幸福地和我分享这次志愿服务的体验，不仅感受到了社区叔叔阿姨们工作的辛苦，更体会到了他们对居民们的耐心、关心和无私奉献。小A还略带害羞和骄傲地告诉我，社区主任说他有高校长的微信，特意给他们拍照要向校长表扬他们。一位哲学家说，真正令人满意的幸福总是伴随着充分发挥自身的才能来改变世界。

孩子成长需要天地的滋养。十九中开展多种形式的劳动教育，我班学生成功申请到一块“栽培试验地”。他们手绘信纸，全员签名给校领导写感谢信！孩子们每天都利用课余时间跑去地里干农活，不怕脏、不怕累，享受着劳动的过程，脸上笑容越来越灿烂！家长们的热情也被激发，纷纷采买工具、种子，传授种植的技术。同时，启动系列主题班会——“我们都爱劳动”。热心家长早上5点多去菜场买来80斤豌豆！班会现场热闹非凡，孩子们开心地带着自己剥的豌豆回家，给父母做饭，多位父母录制了视频回馈孩子。加强学生幸福能力的培育必须回归生活，把握实现幸福的方法。

初中三年孩子们在班集体的时间很多，团结友爱的班级氛围能提升孩子幸福感，学习之余的班级活动更可锦上添花。班级活动的开展要得到广大家长的全面支持，离不开班级家委会。首先，班级家委会负责班级活动经费的收集和报销管理，家委会向全班家长报告说明班级活动经费的设立原因后，采取问卷调查的形式确定收取方式和收取金额，全体家长一致认同后执行。其次，每次班级活动的费用支出情况公开透明，采买时既注意产品质量又关注价格实惠。三年下来，全体家长都很认可班级家委会的工作。家长们团结一心做好班级活动的后勤保障，教师安心创设丰富多彩的班级活动，孩子们开心享受幸福的美好初中时光。

三、经验总结

教育虽然不能立刻改变每个人的生活环境和所处的境遇，却能改变人的思维方式和认知水平。“人民教师”这光荣的称呼时刻提醒着我肩负的责任，为国家培养“有理想、有本领、有担当”的时代新人。我们更应该承担起家庭教育指导的责任，发挥学校教育阵地的作用，为国家培养有志气、骨气、底气的中国人！

希望孩子们生活在安宁祥和的幸福家庭中，希望学生们在和谐的家校共育中健康成长，一直洋溢着幸福的笑容。

帮助家长改善亲子关系，共建家校共育桥梁

班主任是学校的代表，而家长则是家庭的代表。当家庭教育遇到问题时，班主任扮演着孩子和家长之间沟通桥梁的角色，帮助家长改善亲子关系。除了了解孩子并引导他们的教育，班主任还应该了解孩子的家长，并代表孩子向他们传达孩子的真实想法，共同商讨教育方法。通过家校共育，我们可以建立起一种密切互助的合作关系，为孩子的全面发展提供坚实支持。下面我就以小 P 的案例进行说明。

高三第二学期经常出现已经开始上早读了，小 P 同学人还没有来的情况，有时家长说孩子不舒服要晚到，有时甚至直接请假一天。理由多是头疼、胃疼、肚子疼。有一次，孩子说肚子疼要晚到，但是下了第一节课也不见她来，我联系家长，家长说孩子肚子疼，下午也要请假，不知是不是因为身体不舒服，她这几天心情特别不好。

小 P 之前从未有过这样的情况，于是我先和她的好朋友小 Y 了解情况，小 Y 说，小 P 曾经表示过不想来上学，在学校也学不进去，效率低。我嘱咐小 Y："那你有什么问题多问问小 P，你们解决不了的就大家一起讨论或者去问老师。课间的时候，没事聊聊天，出去遛遛。"我又找了小 Q 同学，没事时拉着小 P 一起给班里的绿植培点土，浇浇水，剪剪枝。我想借助同伴的力量，为小 P 减压的同时促进她学习。

偶尔小 P 和小 Y 不知谁的解题方法正确时，小 Y 会拉着小 P 来找我问，如果是小 P 正确，她会很高兴地对小丫说："我说是这样，你还不信。"

3 月中的一天，孩子八点还未到校，我联系家长，家长说孩子早上都出门了，然后肚子不舒服就又回家了，第二节课能到。最近不知怎么了，

她老是各种不舒服。上第二节课了，孩子还没来，我又联系家长，家长说孩子还在卫生间，肚子不舒服。到了九点半，孩子来学校了，这个时间该上课间操了，我到操场上看有几个孩子没上操，其中就有小 P 和小 Y，于是我就去卫生间找，看小 P 在擦眼泪，小 Y 搂着她。

于是我让小 Y 先去上操，我陪着小 P 和她聊天，了解小 P 的情况。

小 P 高一因学习压力大，曾经和家长提过“妈妈，我不想上学”，家长劝说后，小 P 能到校上课了。高二分班，小 P 分到现在的班级，高二课业压力不大，加上新伙伴在一起相处比较愉快，没有出现不想上学的现象。高三第一学期期中前还好，但是期中后由于线下学习，小 P 在家什么都不想干，虽然也在学，但是效率很低。高三第二学期复课后就更不想上学了，觉得大家都在努力学习，只有自己什么都不会，于是对高考、工作、未来的生活产生了恐惧。

首先我引导小 P 用积极的心态看待问题。我和她谈，人生有很多岔路，都会面临选择，不同的选择有不同的人生风景。然后和她讲一些我自己、我身边的人和事，以及大家对事的态度。面对任何现实都要积极努力去接受。

当小 P 表现出伤心难过委屈时，我拍拍她的肩膀，挽一挽她的胳膊，握一握她的手，与小 P 共情，用自己的语言，表达她的意思，让她感受到被理解和关注，进一步拉近彼此之间的距离，她更愿意分享她的感受。

和小 P 谈话过程中，发现她是想好好学习，但是焦虑让她无法静心学习；小 P 尝试改变，但是目前还没有找到更适合的方法；她不想让妈妈伤心，但是自己控制不了情绪；当妈妈难过时，也不知如何安慰……在这一过程中，让小 P 明确自己的一些困惑点，一个是学习问题，一个是与妈妈的关系问题。

小 P 的这些问题是普遍存在在学生中的，即便是成年人，也未必可以处理得很好。我给小 P 一些建议，引导她去尝试适合自己的方法。

如让她每天做做“白日梦”，幻想一下美好的未来，让自己心情变得愉悦、积极阳光。

如在时间紧、任务重的情况下，列出任务清单，根据完成时长、完成期限、任务的难易程度等要素，给任务排序，每做完一件，在清单上划去，在增加成就感的同时，还可清晰地知道剩下的任务所需的时间，做到心中有数，心里就不会感到着急无措。

如适当给自己放空、休息的时间。做运动、听音乐、看电影、吃美食……劳逸结合才能更好地提高学习的效率。

当遇到困难可以上网查其他人是怎么处理类似问题的，也可以向身边人学习请教。

帮助小 P 换位思考：“家长也是第一次做你的家长，他们也没有经验，不知你的所想所感。你把想法和感受表达出来，让他们尝试理解你，同时你也要尝试理解家长的想法。”

当我安抚好小 P 情绪，征求了她的意见后，我让她回家休息调整一下。

随后我给家长发信息：小 P 妈妈，您关注一下孩子今天晚上的情绪，如果她有什么想和您说的，您就耐心地和她聊聊，等明天孩子上学了，您方便的时候，我再跟您沟通一下我了解到的孩子的情况。

第二天，我给家长打电话将前一天发生的事告知家长，传达了孩子的一些真实想法，同时也了解了家长的一些做法。

家长知道小 P 在高一时就有不想上学的念头，但是这件事在她看来，就是孩子胡思乱想，没有意识到这个念头对后面的影响。之后没有对这个问题进行更深入的探讨，所以她不理解孩子的这些行为，如做手工、网上购物、涂指甲油，认为高三时间紧迫，怎么还有闲心做这些事情，浪费时间，有时可能还会对孩子发脾气。其实这些行为是小 P 努力在缓解自己的焦虑情绪。

当家长知道小P的一些想法时，家长会反思，“工作一忙，我的确缺少了陪伴，忽略了孩子的想法”“我知道她有这个想法，但是没有意识到这个问题对孩子的影响”“在我成长过程中不值一提，却困扰了孩子那么久”……家长在反思的过程中，就会意识到自己需要做出一些改变。

作为家长要多和孩子沟通，在沟通的过程中，做到耐心倾听、换位思考、接纳孩子的不良情绪，尽量帮助孩子走出困境。这一点其实对于家长来说也有难度，毕竟是两代人，成长的环境、时代不同，建议家长在工作之余，多参加学校的学习，积累一些育儿经验，多看、多思，尝试做些改变。

当孩子面对未知事物感到恐惧焦虑时，家长可以对孩子说：“任何人都会对未知事物感到恐惧，我也不例外。”可以以过来人的身份帮助分析，分享自己或身边人的成功经验，让孩子真切地感受到方法总比困难多。

可以请家长多关注孩子的情绪变化，多陪伴，带孩子放松放松，如一起散步，一起锻炼，带孩子到公园玩玩，去外面吃点好吃的。

当家长看不惯孩子的一些做法时，可以适时闭嘴，批评、指责只会引发不必要的争吵，激化亲子矛盾，给孩子一些改变的时间，同时也给自己时间，想清楚如何表达更有效，或者想想孩子的优点，使自己心情愉悦。在双方都冷静下来后再去解决问题。

请家长管理好自己的情绪，感觉自己要生气时，就与孩子分开，让自己先冷静一下，可以出去散散步。

请身边的亲朋好友一起帮孩子走出困境，与同龄人聊天以共情，与长者聊天以获取经验方法。让家里的亲戚(孩子有个表姐，孩子认为表姐比较顺利)和孩子聊聊天，说说她高考前遇到的困难，以及解决的方法。

之后家长和孩子聊了几次，家长感觉孩子现在还是想好好学的，但一模考得不好，孩子很着急。于是，家长和孩子商量，可以到校外上一对一的课，让孩子能够更有针对性地学习，尽量能补上来一点儿。也请学校的心理老师就她现在的学习和以后填报志愿、专业方面的问题都大概分析了一下，感觉孩子的情绪好点儿了。

家长心态也在调整，也接受了孩子的这种状态。家长表示主要是做好后勤保障工作，不多说指责的话。

小 P 告诉我她在外面上课的状态，感觉比之前专注一些了。

在和家长与孩子沟通后，我感觉双方都在努力做出改变：孩子梳理了自己知识层面的问题，积极地补习；对未来有了一些规划，制定了目标，焦虑程度降低一些，情绪稳定了。家长接受孩子的现状，在生活中做到了多陪伴、常聊天，营造了轻松和谐的家庭氛围。

小 Y 告诉我，小 P 感觉每天挺充实的，情绪挺稳定的。

班主任要做好孩子及其家长之间沟通的桥梁，这样的工作可能需要在孩子和家长间反复进行多次，在双方彼此了解的情况下再去商讨解决方法。

班主任在改善亲子关系中具有不可替代的作用。

1. 班主任要和孩子沟通

(1)耐心倾听发现问题。

倾听孩子的真实想法。不要试图压抑孩子的想法，否则当时的问题看似解决了，实则孩子学会了逃避，当负面情绪聚集到一定程度，就会爆发。我们可以重复点头、微笑，让孩子感受到你是在关心他的感受，孩子才会向你敞开心扉。

(2)换位思考分析问题。

换位思考意味着班主任要站在孩子的角度去理解问题，思考孩子的需求和难处，这样才能更好地为孩子提供指导和帮助。帮助孩子理清自己的问题，并能积极地对待。

(3)缓解焦虑解决问题。

为孩子提供一些可以尝试的、对他有帮助的解决方法。

2. 班主任要和家长沟通

(1)帮助家长了解孩子。

帮助家长了解他所不知的孩子的另一面，家长只有多角度了解自己的孩子，才能理解孩子的某些行为，冷静地分析孩子的问题。

(2)帮助家长了解自己。

孩子的种种表现，可能与家长的某些行为有关，所以建议家长多观察、多反思、多学习。

(3)引导家长做出改变。

时代不同，处理问题的方法也会不同，所以希望家长能够适时适度地做出一些改变。

班主任要有耐心、宽容，做好亲子关系的润滑剂，也许有些事需要反复沟通多次，也许多次沟通后也是收效甚微，但是只要家校共育，量变一定会产生质变。

同时，班主任的教育理念、教育方法要与时俱进，所以作为班主任也要时时学习。

教育是个慢活儿，我们要和家长一起等待、陪伴孩子成长，共同为孩子们的成长和发展努力奋斗。

第七篇

研行并进，教学相长

——班主任成长的育人育己之道

学然后知不足，教然后知困。

——《礼记·学记》

班主任作为教育生态的“关键”，其专业发展本质是“教育主体性的双重构建”。其一，向外的教育力进化：从经验直觉走向循证实践的科学育人者；其二，向内的元认知觉醒：从事务执行者蜕变为教育哲学的自觉诠释者。本章从“微观创新”“能量管理”“身份进化”“话语转型”等不同视角呈现了班主任成长时“既要守护教育的人文温度，又要驾驭智能技术的工具理性”的双向建构，揭示了班主任在育人育己过程中的认知跃迁机制。

微观创新：研究力觉醒，将日常问题转化为研究课题。

能量管理：可持续发展，运用积极心理学构建“班主任能量账户”。

身份进化：专业社会化，制定“班主任能力发展罗盘”。

话语转型：学术化表达，玩转“教育叙事的编码魔方”。

班主任的成长之路，是教育者“在解构中重构，在破碎中完形”的永恒进程。四维动力模型不仅提供方法论工具，更构建起“实践—理论—生命”三位一体的成长哲学：当班主任开始用研究视角审视日常，用学术语言诠释经验，用设计思维再造流程时，教育便从技术劳动升华为智慧创造。这种创造本身，正是对“教学相长”最深刻的当代诠释——教师在成就学生时重塑自我，在改造教育中实现生命的二次成长。

创新严谨

——浅谈班主任第一次申报课题

一、为什么班主任要申报课题？

1. 提升教育科研能力

在班主任专业发展之路上，班主任必须从事教育科研。班主任从事教育科研，一般从班会设计、教育案例入手，进而写教育论文，逐步走向课题研究。班主任要获得奖励、晋级职称等，一般都需要参加课题甚至是主持课题。每年各级教育行政部门(如教育科学研究院)都会组织课题申报。课题申报工作的不断规范，为班主任做课题提供了平台的同时，也对班主任做课题明确了要求。能够申请到课题、主持课题、完成课题，是班主任具有较高教育科研能力和水平的标志。

虽然新时代的教育对一个会选题、懂设计的班主任已经提出了很高的要求，但现实却是，新手班主任在充满挑战性和复杂性的工作中，没有认识到课题研究的价值和重要性，或者觉得课题研究是“高深莫测”的，往往徘徊在课题研究之外，或者只是参与到同事的课题里“打酱油”，没有主持过课题。因此，本文旨在提高班主任对课题研究的认识，初步提升班主任申报课题的能力，帮助班主任用好各级教育行政部门的“课题指南”，为班主任申报到课题助上一臂之力。

2. 探究科学施教途径

班主任可以通过申报课题，总结自己工作中的规律、原则、模式、策略、方法等，探索适合自己的解决方案，建构自己实践的教育设想，验证普遍认同的教育理念。

从研究目的看，要以应用研究为主，体现针对性和实效性，解决学校教育工作中的实际问题和困难，最终促进学生的发展。

从研究内容看，要以教育研究为主，认真研究班级建设、班会设计、学生领导力培养、学科德育等，加强教育反思，提高教育能力和水平。

从研究方法看，要以行动研究为主，改善教育教学实践的研究方法，体现出“为行动而研究，在行动中研究，由行动者研究”。

从研究方式看，要以校本研究为主，从学校的实际出发，依靠和利用学校的各种资源，挖掘学校存在的种种潜力，走便捷、易成的校本研究之路。

二、创新：班主任如何选择恰当课题

班主任申报课题，要学会选择恰当的课题。选题是课题的灵魂，课题申请书甚至整篇都是围绕选题进行的。正所谓：好的选题，是成功申报课题的一半。在一项国家级课题申报中，选题的评分标准占到30%。选择恰当课题，为课题设计的顺利开展奠定了良好的基础，也体现出了研究者的专业素养和科研能力。

1. 遵循创新原则进行选题

创新是课题研究的源泉和动力，也是课题研究的目标与追求。简言之，就是：无创新，不课题。当班主任选择课题时，遵循创新原则可以有助于推动教育教学的改革和发展，提高教育教学效果和学生综合素质。根据教育部和市、区各级教育行政部门每年发布的课题指南通知等参考资料，选择与新课程改革方向相关的创新课题，探索新的教育教学模式、评价方案或教育资源的开发与利用等。

创新有难度，但遵循创新原则进行选题，可以从研究领域、研究角度、研究方法、研究材料等方面进行思考，只要有一项新内容就可能带来创新。在选择课题时，班主任可以参考相关的教育研究和前沿理论，结合学生的实际需求和班级特点，以及自身的兴趣和专长，确定能够提升教育教学质量并有创新性的课题。同时，还需要思考课题的可行性和实施难度，以确保能够顺利完成研究工作并取得实质性的成果。

2. 树立问题意识进行选题

班主任选题树立问题意识，就是要提高对问题的关注度和敏锐度。换句话说，选题要聚焦专业性强、有价值、需要探究、能够解决的问题，从而确保课题研究的方向、内容、价值、结果等。从研究内容来说，可以从与班级管理和教育教学相关的下列内容中发现问题。

(1)班级管理策略与方法：研究如何有效管理班级，增强学生纪律性和班级凝聚力，探索并实践适合自己班级的管理策略。

(2)班级氛围与师生关系：研究班级氛围对学生学习和心理健康的影响，探索如何营造积极向上的班级氛围和良好的师生关系。

(3)班级文化建设：研究如何建立和塑造班级文化，培养班级共同价值观和积极的学习氛围，促进学生全面发展和道德素养的提升。

(4)班级活动与课程设计：研究设计创新的班级活动和课程，提供多样化的学习机会和教学资源，满足学生的不同学习需求。

(5)学生心理特点与辅导研究：研究学生心理特点，了解学生的心理需求，开展相关心理辅导和研究，帮助学生更好地成长和发展。

(6)班级教育中的家庭和社区参与：研究家庭和社区参与班级教育的作用和方法，促进学校、家庭和社区的有效合作，推动学生综合素质发展。

这些研究内容都是为了提升班级管理和教育教学水平，促进学生全面发展，为班级的成长和改进提供实践和参考。

三、严谨：班主任如何进行课题设计

班主任进行课题设计的内容，实际上就是完成课题申报书，这很大程度上决定了课题的成败。严谨的课题设计主要阐述对以下三个问题的回答：为什么做本课题，本课题做什么，本课题如何做。

1. 阐述为什么做本课题

阐述为什么做本课题，就是分析课题的价值。这属于课题的外围论证，包括研究背景、课题依据、核心概念界定、研究现状述评、研究意义等。

(1)研究背景，包括时代背景、理论背景和实践背景。

(2)课题依据，包括政策依据、理论依据和实践依据。

(3)核心概念界定，指在这个课题中的核心概念的含义是什么，界定核心概念的适用对象、适用范围。

(4)研究现状述评，又被称为文献综述，或国内外研究现状。重点阐述他人研究中所做的同专题的现状，也可以包括自己所做的研究现状。

(5)研究意义，包括理论意义和实践意义。

2. 阐述本课题做什么

阐述本课题做什么，就是分析课题的内容。这是课题直接相关的内容的论证，包括研究目标、研究内容、研究假设、拟创新点等。

(1)研究目标：明确研究预期要达到的结果，确定想要解决的问题或研究的方向。研究目标要具体、清晰、有条理和适度。

(2)研究内容：探讨某领域的某一具体问题(例如：影响因素、现象解释、方法改进等)，通过对相关文献进行综述和理论构建，构建研究框架并选择适当的研究设计和方法，收集相关数据并进行分析，验证研究假设或解答研究问题。通过对结果的解释和讨论，总结研究发现并提出相应结论，并在结论中展望进一步的研究方向，以推动该领域的学术发展和实践应用。

(3)研究假设：假设某领域存在某种关联或影响关系。通过采用适当的研究设计和方法，收集相关数据并进行分析，推测会发现某些变量之间存在显著的统计关系，并且这种关系可能会对研究问题产生积极的(或负向的)影响。

(4)拟创新点：可以是针对目前领域中尚未解决或不足的问题，提出了一种新颖的观点、方法或理论模型。或者是通过在实际研究中的应用和验证，带来新的见解和启发，解决实践应用中的难题。

3. 阐述本课题如何做

阐述本课题如何做，就是分析课题的操作。这是课题实施操作的论证，包括研究思路、研究方法、技术路线、研究步骤等。

(1)研究思路：主要包括对研究领域的背景和现有问题进行概述，明确研究问题和目标，并选择合适的研究方法和设计。介绍样本的招募和数据收集，采用适当的数据分析方法来解析收集到的数据，并根据预期的研究结果给出对相关领域理论和实践的启示。也可以提前预测可能的挑战和困难，并考虑相应的解决方案。通过清晰而简洁地表述研究思路，旨在证明研究的科学价值和可行性，以争取评审人员的关注和认可。

(2)研究方法：根据研究目标、研究问题和可行性，选择适合的研究方法，如调查问卷、实地观察、访谈等，并设计相应的研究方案。

(3)技术路线：通常要绘制一张技术路线图。主要包括文献综述和调研、确定问题和目标、选择研究方法和设计、数据收集和分析、理论启示和实践方案设计、研究报告撰写等步骤。通过这些步骤的有序进行，全面深入地开展研究工作，以期达到研究目标并推动领域的发展。

(4)研究步骤：一般来说包括准备阶段、实施阶段和总结阶段共三个阶段，也可以根据自己的课题调整。准备阶段包括选择课题、文献检索、理论准备、课题设计、团队组织、人员分工等，目标是完成开题答辩。实施阶段，围绕课题目标和研究假设，按照研究方法做调查研究或实验研究等，目标是完成中期检查。总结阶段，包括撰写结题报告、准备结题、成果鉴定等，目标是完成结题答辩。三个阶段要简明扼要，把课题相关的重要事项写清楚即可。

四、成功：完成第一次立项申请

立项申请，指的是向科研主管部门申请认可课题，获得相应支持或资助的过程。课题获得立项是课题研究价值获得科研主管部门认可的标志，也是课题负责人科研能力的重要体现，同时为课题研究的顺利实施获得了组织上、学术上、经济上等多方面的支持或帮助，有助于课题研究的顺利完成。

完成选题和设计后，根据学校或单位的要求，准备好相应的申报材料，包括申报表、论文摘要、成果展示等，按时提交申报。以上步骤仅供参考，具体操作可根据实际情况进行调整和安排。当然，上述任何一个课题申报的环节，都可以邀请专家指导，这样能使申报工作更加顺利。

在第一次申报课题的道路上，祝愿各位班主任同人，勇敢坚持，勇往直前，勇攀高峰，走完第一次课题申报之路，成功申报！

五、经验总结

班主任第一次申报课题，首先要认识到在班主任专业发展之路上，可以通过申报课题提升教育科研能力、探究科学施教途径。其次，班主任选择恰当课题要遵循创新原则，聚焦专业性强、有价值、需要探究、能够解决的问题。再次，班主任要遵循严谨原则进行课题设计，以课题申报书的完成来阐述：为什么，做什么，如何做。最后，适时地借助专家指导，根据相关要求，准备相应材料，走完第一次课题申报流程。

1. 选题创新，可以从研究领域、研究角度、研究方法、研究材料等方面进行思考，只要有一项新内容就可能带来创新。

2. 设计严谨，指的是按照各级教育部门发的“课题指南”和撰写课题申报书的要求，参照文中的简介完成每部分的撰写。

3. 申报成功，指的是按照学校要求，积极邀请专家进行指导，按时走完流程，从而不断趋近课题申报的成功。

“鱼”与“熊掌”可以兼得

——浅谈如何兼顾工作与家庭

最初选择成为教师并非一时兴起，也不完全是因为这个职业本身，而是受到了几位老师的影响。刚入学时的老师教学严谨，对我们负责而严格，为我们今后的学习打下了良好的基础；后来的班主任和蔼可亲，善于解决我们的问题。中学时的英语老师更是给我留下了深刻印象，她不仅具备其他老师的优点，还带有一种难以言喻的感染力，让我们充满了学习的热情。后来看到很多她工作与家庭责任兼顾得很好的场景，让我明白她身上的那种平和的感染力源于她的努力工作与认真生活，她给我们呈现了一个“完整”的老师的样子，她在我们眼里不是高高在上的“神”，而是用一个普通人的真实让我们感受到了世间以及人性的美好，让我们在懵懂中感受到了希望和喜悦。这些老师们不仅是我的楷模，也让做一名教师成为我的志向。

当我真的成为教师后，我努力保持责任感和奉献精神，这是这个职业所需的素养。我结婚有了家庭后，生活变得复杂多变，但我一直努力平衡工作和家庭的关系。从教三十年，其中有二十二年在担任班主任，有近十年在兼任教研组长，尽管工作量大且烦琐，但我一直享受着工作与家庭带来的快乐，也让我深切体会到：如果我们愿意，我们是可以同时兼顾工作和家庭的。具体如何做到呢？以下是我的一些做法。

一、调整心态，积极应对

有研究表明：拥有积极心态的人更有可能将困难看作机会和挑战，而不是阻碍和威胁，他们更倾向于采取积极的策略解决问题，可以更好地应对困难和挑战，更有可能成功地应对逆境和压力。作为教师，我们看似面对的是一个个孩子的三年，其实有可能是一个孩子的一生，所以我们的工作内容是繁杂的，工作时间是没有限定的，工作态度是半点都糊弄不得的，这已经占据了我大部分的精力。而我还面临着先生长期不在家，几乎是“单亲”的家庭状况，除繁重的工作外，还肩负三个家庭的责任，压力巨大。所以当我知道无法逃避、必须面对的时候，我想与其痛苦面对，不如调整心态，积极应对。

工作上我的定位就是必须尽心尽责，对得起自己的良心，这样我就可以不卑不亢，心无旁骛地去做自己该做的事情，所以在工作中除了“棘手问题”带来的困惑，我没有其他烦恼，解决不同的教学问题、学生问题就是我工作的价值。50 岁时，由于学校需要，调我中途接手新初三的年级主任，“高龄”接受陌生的岗位，着实是个挑战，我就安慰自己：钟南山 83 岁还能“挂帅出征”，我比他年轻那么多呢。临近退休年龄，依然忙碌不堪，我告诉自己要珍惜这种忙碌，等退休以后想忙都没的忙了，以这样一种心态去工作，我觉得自己是积极的，更是快乐的。

由于心态的调整，工作对我来说不是负担，那再去面对家庭的时候，就更不是负担了，在我看来，这既是自己必须尽的义务，也是“换换脑子”的机会。干点儿不同的事情，也是一种调节，在这调节中，看到孩子一点一滴的进步，老人的欣慰，“自我存在”的价值感足以令我快乐！即使在那段别人看起来最艰难的日子里，我独自带着 10 个月的孩子、全瘫的婆婆、半瘫的公公、身体不算太强健的母亲和心脏不太好的父亲一起生活，我通勤时间长，又新接任了班主任工作，还在读在职研究生……那段时间，一手抱着孩子给她喂奶，一手握笔写作业是常态；婆婆病床前我一边照看她一边准备公开课也不新鲜……虽然很忙很累，但是我享受着“被需要”的快乐。那一段时间，我自己在工作中进步很快，我那三个小家庭组成的大家庭也很和睦、幸福，我想那段艰难岁月，除了依靠我父母的无私奉献，是积极心态伴我前行。

二、统筹安排，高效做事

心态再好，我们的时间也是有限的，想要完成那么多事情，哪里有那么多时间呢？学习、教授过的华罗庚的一篇课文《统筹方法》里介绍的方法教会了我在工作与家庭生活中充分运用统筹方法来安排每天必须做的事情，大大提高了我做事的效率，节省了很多时间，使我可以游刃有余地完成每天必须做的“工作”。

在学校，我习惯每天早晨列一张当天必须做的事情的清单，然后再勾勾画画，看哪些事情是必须专时专用的，哪些事情可以合并起来同时做，哪些事情是可以利用碎片时间做的，哪些是可以顺手就做了的，还要留出处理突发事件的时间……备课一定是要专时专用的，一般用整块的时间来完成。其他的事情都尽量利用碎片化时间或合并完成，例如晨、午检等待未到的同学时，可以批改先到的同学的作业；看自习的时候，顺便做做习题；阅卷时，等待评标时把最基础的部分先判了，这样等主观题的标准统一后就可以直接判主观题了，类似这样的碎片化时间，都充分利用起来的话，每天也可以节约出不少时间来。与家长的沟通，也是我们必需的工作，我习惯给家长打电话的时候，找个僻静的地方，一边与家长沟通，一边走来走去地活动一下久坐的身体，这样看似不搭的两件事合并做了，也可以节约一些时间出来。在工作中的这些统筹安排，让我在圆满完成工作任务的情况下，缩短了我的工作时间。

在家里，我也一样运用这样的统筹安排，孩子小学时写作业需要看着，于是我就让孩子先在餐桌上写作业，我在厨房可以看得清清楚楚，我就一边做饭一边看着孩子写作业。在陪孩子去上课外班等待的间隙，我可以顺便批改学生的卷子或写写论文。我的父母不在身边，随着年龄的增长，明显感觉到他们对我精神上的依赖，可我不能在他们身边尽孝，于是我在每天下班的路上，就给他们打电话，一直到我进家门才挂断电话，每天能让他们跟我“碎碎念”一会儿，他们开心，我也快乐。

学校、家里，包括在路上，我对时间的运用到了锱铢必较的地步，但随着一项项任务的完成，内心一点点洋溢着“充实”的快乐。这样，所有的“琐屑”都不再是负担、累赘，反而成了一种乐趣！统筹安排，帮助我协调好了工作、家庭中的很多具体性事务，让我不困于“烦琐”，带给了我“充实”的快乐。

三、合理割舍，“舍”中求“得”

再快乐的繁忙，时间久了，我们也会有腻烦的时候，我们的身体也会有吃不消的时候，那我们该如何去调节呢？那就必须有所割舍，有“舍”才能有“得”。

我的“割舍”，首先是在时间上，平时时间抓得那么紧，神经肯定是处于紧绷状态的，总这么绷着也会出问题。当我意识到这个问题的时候，我决定每周割舍一天，给自己放假，那天不工作，只做必要的家务，让自己处于完全放空状态，去做些自己喜欢的事情。那时候孩子也稍微大点儿了，有些事情她可以独自料理了。每个周六，她有课外班的日子，一早打点她吃完饭，我送她去课外班，然后我安排自己去看寺庙，逛胡同，参观博物馆，游山逛水……有时可以一天，有时只能半天，但这期间绝对不想工作，不想家庭琐事，即使接孩子回到家里，也是整理自己当天的额外收获。这一天过去，第二天，我感觉自己又“满血复活”，可以从容地继续如“陀螺”般地“旋转”。每周的这一天，看似是被“舍弃”的一天，却如充电般，让我在其余的六天中头脑能更清晰，更高效且持续快乐地去完成我给自己规定的分内之事。这样的“割舍”我已经坚持了很多年，我想这也是我能临近退休，却依然热情不减、精力充沛的一个原因吧。

其次，就是心理上的“割舍”。那就是我基本不让自己困于消极情绪中，学校的生活相对来说比较简单，但也会有人际、职称、评选等一系列能够影响情绪的因素存在。这些因素有时候是很能左右我们行事的方向的，好情绪还好，坏情绪有时候很影响我们做事的成效，对于这些情绪，不能完全屏蔽，那我就选择忽略，我一直坚信“你若盛开，蝴蝶自来”，所以我告诉自己：你只管努力就好！所以，一直以来，我的情绪世界非常简单，简单就快乐，即使偶有不快，我也会让自己很快放弃，只留积极阳光的情绪在自己的世界。更不会让那些消极情绪去影响到家庭生活。当然，没有了这些消极情绪，我该得到的我觉得我也都有了，所以无论是工作中还是家庭中，我享受的是“我努力，我快乐”的感觉。

我的“割舍”让我获得了更多！所以，合理割舍，也是协调工作与家庭生活的一个必要条件。

四、经验总结

作为一名教师，我想如我中学时的那位老师一样，呈现给学生一个“接地气的”“完整的”老师形象，作为家庭中的一员，我希望我是一个孝顺的女儿、媳妇，称职的妈妈，合格的妻子。这些年，是“积极的心态”助我度过每一个艰难的时刻；是“统筹安排”促我高效做事，给我赢得更多的时间，让我可以为我的学生、我的家庭做更多的事情；是合理的“割舍”，让我得到了更多。所以如果我们用心，“鱼”与“熊掌”是可以兼得的。

新手班主任的自我探索与自觉成长

班主任是班级管理和道德教育的重要实施者，是家校沟通的重要桥梁，是直面基础教育困境最一线的“战士”。作为新手班主任，需要班级管理与学科教学共同推进，在此过程中难免会遇到许多棘手的问题，诸如家长和学生对新手教师的信任危机、师生冲突，网络时代多元价值的冲突，教育教学时间及精力的分配矛盾……最初遇到问题，我会焦虑、迷茫甚至陷入自我否定和情绪内耗。经过两年的历练和探索，我基本实现了从初入职场的焦虑期到从容适应期的顺利过渡，在 2023 年 5 月被评选为“培元之师”。我将我的班级管理和学科专业成长路径归纳如下。

一、班级管理进阶

1. 初步建立关系：真诚是必杀技

和谐的师生关系是班级管理顺利开展的前提。提前了解学生，做到心中有数。8 月底，在知道了班级学生名单的第一时间，我便开始向每个班的原班主任及代课老师们询问名单内学生的情况。只要是与他们相关的，无论是学习、人际关系我都乐意了解并做记录，这件事情一直到开学前一天我还在做。通过这次全方位了解，每个学生最突出的那个点就被捕捉到了。我在初次见面与他们打招呼时，只要他们告诉我他叫什么名字，我便能迅速对号入座，比如她说她是×××，我就说：“你很喜欢音乐，还当过班长，希望你积极为新班级出力哟!”我现在都记得她惊讶的表情，当天她自荐当了班长。几乎每个人我都这样打了招呼，我看得到他们眼里的情绪从陌生到惊喜的变化。因为我比他们以为的要了解他们。根据此次

"全员摸底"，班干部也基本有了候选人，在8月31号第一次见面时，核心班干部成员基本确定了下来，9月1号一切步入正轨。通过这次摸底我感受到，几乎没有人会厌恶一个愿意花心思了解自己的人。好的开始比想象中更加重要，比如这次摸底为班干部的确定、座位的排列、任务的分配等后续工作的开展都奠定了良好基础，也初步拉近了师生距离。此外，这个过程中，需要及时请教其他教师的宝贵经验，也需要初步向家长介绍自己的教育理念，对待任何一方都需要真诚沟通，耐心倾听。因而，只有做到以诚待人，才能在一开始建立起和谐友好的关系，为后续事务的展开奠定良好基础。

2. 关系遭遇危机：提升钝感力与包容力

自从接任班主任以来，我深刻体会到了师生之间因年龄差异、立场不同而产生的观点碰撞。每天都要面对各种问题和冲突，这不仅是对我管理原则的考验，也是对师生关系的挑战。例如，学生未经允许私自拿假条离校、午睡时不遵守纪律大声喧哗、上课时故意接话抬杠，以及课后无意中听到的一些负面评价，这些情况都曾让我感到沮丧失落。然而，经反思，我意识到自己的敏感可能放大了这些问题给我带来的负面影响。我决定尝试用一些方式来调整自己并重新找回教育的乐趣。

我试着去换位思考，也许学生在说那些话做那些事时并没有我认为的那种主观恶意。当有人当堂抬杠，我暗示自己，他并非是想刁难我，只是这个问题踩到他的兴奋点了。这么一想我会觉得很有趣，于是我温和提醒："这位同学你思考得很棒啊，不过语气不要太激动哦！"他当时怔了一下，不好意思地笑了笑，说："好的老师，谢谢提醒。"后来他不但不会课上不分场合神情激动地抬杠，并且会态度平和地和我探讨问题，在这件事的处理上我战胜了最初的自己。

当有人违反纪律，我以前会认为这是在挑衅班规、挑衅我，为班级带来负面影响，所以所有小错我都去严厉对待，但收效甚微甚至激起学生的逆反心理。现在我会去淡化这些行为的动机，淡化这些事情本身的影响，只是关注事实本身并善意提醒他们合理安排时间，现在他们迟到后会觉得不好意思，这代表他们已经认识到这个行为的问题了，教育的效果其实已经在发挥作用了。

日本文学家渡边淳一提出人要具备钝感力。将“钝感力”解释为“迟钝的力量”，即从容面对生活中的挫折和伤痛，坚定地朝着自己的方向前进，认为它是“赢得美好生活的手段和智慧”。享受教育的幸福同样需要适当的钝感力，不过多推测用意而是关注事实，适当屏蔽一些声音，也不失为一种教育智慧。此外，教育需要具备强大的包容力。学生每天都会呈现出很多的问题，于教师而言需要在与问题交手的过程中实现自身成长进步，于国家而言青少年个性的张扬解放何尝不是时代进步的表现？所以我们也需要顺应时代发展趋势，更新自我的情感表达，优化处理方式，包容学生呈现的问题，才能更好地应对困境。

3. 关系重塑之后：赋予意义，不断精进

问题的解决并非终点。每一次问题都是增加自身成长值的契机，在问题处理之后，需要及时反思，用心记录自己的成长，这些可以成为自己解决未来困境的宝贵财富。哪怕以后遇到的是不一样的问题，对待问题的心境和处理方式会在潜移默化中不断精进，即赋予“问题”以意义。此外，继续修炼，学习教育理论，积极借鉴其他班主任的经验，参与各类班主任培训，丰富精神和心灵的营养供给，可以更好地指导班主任的教育实践。

二、学科专业成长进阶

“师者，所以传道受业解惑也。”“信其道”和“亲其师”是相互促进的双方。要真正赢得学生信任，除了班级管理技能的提升，更需要扎实的学识。

1. 思想上：敢于突破，与时俱进

“00后”是个性自由而张扬的一代新生力量，一方面，学生涉猎信息的渠道相当广泛，文化反哺现象较为明显，他们对很多事情拥有自己独特的处事态度及看法并且乐于分享和表达。另一方面，多元价值扑面而来，其中难免充斥着消极负面的信息，会浸染到学生的价值观。

课堂内外，他们经常会推翻我认为经典的事例，有些甚至是教材经典，我很欣赏他们这种敢于质疑的勇气和善于表达的能力。为了能够追上学生的脑洞，教师也必须投入更多的精力审视案例，这是个教学相长的过程。

因此教师需要走近学生，了解他们感兴趣的信息，比如他们喜欢的明星、爱听的歌曲、流行的语言、对网络事件的看法等，将这些当作课堂教学的素材，在价值澄清的过程中引导主流价值观的养成。而这些都需要教师能够做到以学生生活经验及生活实践为基础，不断更新自身的知识与表达，这无疑需要教师投入更多的精力研究当下的学生特点及需求，在此基础上研读新课标及学科核心素养，探索适应这个时代及其学生的教学方式。因此，与时俱进是弥补师生之间代际差异不可或缺的一种品质和能力。

2. 行动上：自觉自律，坚定前行

(1)积极参与各级各类专业磨炼。

从入职之初，我们便会参加新教师培训、跨年级的学科培训，各级各类讲座以及风采杯比赛、启航杯比赛、青年教师技能大赛、区级校级公开课展示等，看起来似乎难以完成甚至感觉透不过气。但每一次积极参与都会收获新知或得到启发。这些资源是我们专业成长方面的财富，协调好时间积极参与这些培训和比赛可以帮助我们明确前进的方向和未来的规划。

(2)合理安排时间。

每天早晨一睁眼，似乎就有处理不完的事务，倘若在一些班级琐事上消耗自己过多的精力便会直接降低备课的效率和专注度，长此以往会陷入恶性循环。接班的第一学期我便是这样恶性循环，想要追求每件事不分大小都完美解决才肯满足。直到筋疲力尽、身体难以支撑才认识到很多事情其实可以不用亲力亲为，也不必占用太多时间和精力。班主任面临的最棘手的一个矛盾是班级事务与教学任务的协调。每天需要给自己做好规划，例如从早上便规划好哪个时间要处理什么事务，哪个时间段是备课时间，把一整天时间条块分割，也留有时间处理突发状况，这样尝试过之后，工作效率有了很大程度的提升。当每天任务圆满完成后，会很有成就感和幸福感，这种良好的状态也会潜移默化地影响学生状态，所以，合理安排时间才能减少焦虑，提升效率，提高幸福指数。

(3)善于反思，汲取力量。

每上完一节课，需要留有时间反思自己的优点与不足。这节课完成得是否理想不重要，不必苛求自己。但这并不意味着得过且过，不思进取。发觉自己状态好要善于总结经验，察觉自己这节课不尽如人意时可以总结原因，吸取教训。总之，反思是很重要的一个环节，以下是我在青年教师说课技能比赛后的反思记录。

这次的说课我投入了比较多的精力，自己觉得那些故事编得特别好甚至觉得完美。但是说课结束评委老师对这几个例子的评价并不高。我当时像被泼了一盆冷水，本以为会得到夸奖结果反而是摇头。我产生了很复杂的情绪，一下子有些泄气。其实这只是一次历练，是发现自己问题的宝贵机会，要承认自己不足才能更好地成长。所以这未必不是一件好事。希望自己可以端正心态，接得住赞美，承受得了批评，才能更加客观审视自己。这次编的故事，我以王老板的故事为情境链，立意其实也没有大的问题，但是对教材内容挖掘得还不够深入和灵活，看似创新实则穿新衣唱老调，的确没有太出彩的地方。对案例的采用可以用生活中真实的事例说明以更好地引起共鸣，也可以增强案例严谨性和规范性。所以还是要多反思不足，多投入心力，多借鉴学习。自己这次也尽力了，那就足够了，下次要比这次更加用心一些，超越自己，加油呀！

2022 年 3 月 26 日

当时通过这样的反思我很快调整好了自己的低落状态，没有继续消耗心力怀疑和否定自己，所以这些反思某种程度上成为我的能力补给站，也是可以看到自己成长的一面镜子。

班主任专业成长道路是进行时，没有完成时。作为青年教师，我们需要向外借力，向内探索，自觉自律，才能让自己永葆教育教学的热情与活力。未来也会不忘初心，在前辈们的指导下继续探索，用心记录不同生命遇见的温暖故事。

守正创新

——班主任如何发表论文

一、为什么班主任要发表论文

1. 总结提炼班主任工作经验

班主任可以通过自身的学术实践和论文撰写来提炼自身的班主任工作经验，通过系统性的文字表达来将自身的经验进行结构化、分层化的整理，以此达到班主任育人思想传播的作用。与此同时，当更多更优秀的班主任工作经验被复制、分享、传播时，这样便可以为教师提供更多的有益借鉴，为班主任队伍水平的整体提升做出更大贡献。而毋庸置疑的是，当班主任开始进行理论化的思考，并且以问题导向开始进行专题性的论述时，某种意义上他们已经开始了自身的研究工作。唯有当班主任们开始用这种理论化的思维对我们的教育对象展开理性思考时，才能将自身实践中的问题价值最大化，这是走向专业化道路的重要一步。

2. 提升班主任学术创新能力

论文发表在一定程度上体现出班主任在教育领域的专业发展和在教育改革方面的学术创新。学术创新是科研人员创造性地利用已有知识创造新知识或新想法的过程。班主任工作体现着深刻的教育思想，渗透着科学的教育理论，新的教育理念在其中孕育生成。班主任在长期的工作实践中，积累了丰富的教育经验和有效的管理方法。虽然发表论文不是担任班主任的必要条件，师德师风、班级建设、学生发展可能比发表论文更为重要，然而，对于骨干班主任等优秀班主任评选来说，论文发表可以说是一种

“标配”。通过撰写并发表论文，能够深入探讨教育问题，提高研究能力，培养学术素养，向同行教师展示自己的教学研究成果，获得更多的认可和支持，也可以提高自己的学术声誉和影响力。

因此，本文旨在提高班主任构思和撰写论文的水平，试图提升班主任第一次发表论文的学术创新能力，帮助班主任更好地运用参考文献，了解基本的专业学术论文的引用格式和发表论文的基本要求，从而帮助班主任更快速地提升自身的专业素养。

二、守正：遵循学术规范构思论文

1. 对论文选题进行文献综述

学术研究交流的一个重要平台就是学术期刊。文献综述是学术研究的入门环节。班主任撰写论文就是要学会阅读文献，养成文献综述的好习惯。文献综述是对前人已经做的研究工作的综合和述评，包括研究背景和理论基础的全面梳理，对研究领域的现有知识和研究进展进行一个客观的线性描述和理论化的阐释，分析当前研究存在的问题，指出当前研究可能存在的问题，指导问题提出和研究设计等，为接下来的研究做铺垫。

下面以班主任选题“家校合作”为例阐述。

家校合作是一种重要且有效的教育模式，对学生的发展和学业成绩具有积极影响。通过对相关文献的综述，我们可以得出结论：建立良好的家校合作关系有助于激发学生的学习动机，促进学校与家庭之间的沟通，并提升学生的学业成绩和社会适应能力。在实施家校合作时，建立积极的家长参与氛围、高效的沟通渠道以及设立个性化的家庭作业和学习支持计划等策略是非常有效的。然而，这些策略的成功实施需要学校和家庭共同努力，并得到教育政策的支持与引导。当前研究在家校合作领域仍存在一些问题，例如如何有效地激发家长对学生学习的兴趣和参与度，以及如何解决家庭背景和文化差异对家校合作的影响等。解决这些问题需要更深入的研究和讨论，以便制定更具针对性和可操作性的家校合作策略。未来的研究可以进一步探索家校合作的具体机制和有效实施策略，以提供更加个性化和精准的支持，促进学生全面发展。

通过收集、筛选、分析、综合和评价进行文献综述，我们可以看到家校合作的意义和重要性：对学业发展、社会适应能力培养有利。还可以看到在实施家校合作时可以选择哪些有效的策略，实施保障有哪些。这些工作，很好地总结了"家校合作"这一研究领域的主要观点、当前研究存在的不足，指出了未来研究的方向，为自己接下来的研究奠定了基础，提供了有力的支持。

2. 论文写作注意学术规范

在遵循学术规范的前提下进行论文写作，是指在论文写作时，应当遵循一些规范和准则，以确保论文内容的准确性、权威性、清晰度和可理解性。在遵循学术规范的前提下进行论文写作可以提高论文的质量和可信度，使其更具有学术价值。以下是一些常见的学术表达规范。

(1)使用专业术语：论文表达中，通常会使用一些专业术语来表达特定的概念和思想。使用专业术语可以提高表达的准确性和精确性，但应该确保读者能够理解这些术语的含义。如果有必要，可以在文中进行解释或提供定义。

(2)清晰论文结构：写论文可以借助思维导图，列出清晰的论文结构。通常包括引言、背景介绍、研究目的、方法、结果、讨论、结论等部分。这些部分应该有明确的标题和段落，以帮助读者理解内容的逻辑关系和思路。

(3)适当引用注释：在论文表述中，可以借助"中国知网"查找相关方面的论文，恰当引述他人观点或数据。尊重他人的知识产权和学术权威，确保引文的准确性和一致性。

(4)注明参考文献：在论文中，参考他人的研究成果是常见的做法。

其目的是向读者展示所表述观点的来源，并遵循学术诚信的原则。注明参考文献，指的是引用他人的观点、数据或其他材料时，应该正确注明引用来源，并在文末提供完整的参考文献出处。

三、创新：运用学术思维表达观点

1. 从课题研究中借势

论文发表和课题研究之间具有密切的关系。课题研究成果的展现很大程度上是通过学术论文。课题是问题意识导向的解决过程，论文写作是将研究结果和发现以书面形式进行记录和传播的方式。通过课题研究可以在以下方面助力论文表达。

(1)构建理论框架：对班主任工作的理论依据和研究方法进行探索与创新，可以通过整合不同学科的理论、借鉴国内外先进的班主任管理思想，构建适合自己工作实践的理论框架。

(2)分析过程数据：可以使用传统的问卷调查、访谈、观察等数据收集方法，收集班级管理相关的数据，如学生行为记录、学习成绩等，通过统计分析、质性研究等方法，分析出其中的规律与问题，从中发现创新的管理策略。分析数据时，还需要一种媒介思维，如当前热点教育媒介学和AI教育学。

(3)梳理课题成果：基于理论框架和数据分析，提出班主任工作的实践建议，并付诸实践，验证新方法和观点的有效性。可以开展班级管理方面的实践活动，例如开展新的课程设置、组织创新的教学活动或引入新的管理机制等，全方位地探索班级管理的创新实践。

2. 从工作实践中提炼

根据班主任在实际工作中的经验和实践，以及对问题的深入思考和独立探究，提出新的研究问题或假设，在研究方法的选择和设计上引入新的实验或调查方法，在现有方法的基础上进行改进和创新，或者通过整合不同学科的知识来解决复杂问题，总结、梳理和归纳出理论、方法和结论，并将其写入论文中进行展示和讨论。具体可以采取以下步骤。

(1)选择具体问题：根据自己的实践经验，选择一个特定的问题来研究和探讨。这个问题可以是班级管理、教育教学、学生发展等方面的问题。

(2)回顾工作经验：回顾自己在该问题上的工作经验，分析和总结相关的实践案例、育人故事，并对其进行再观察或反思。

(3)检索理论知识：借助熟知的、常用的期刊、图书、报纸等参考资料，检索相关的理论知识，进行对比和分析，归纳出论文中的主要结论或观点。

(4)撰写论文框架：根据提炼出的理论和实践，撰写论文的各个部分，包括引言、文献综述、方法、结果和讨论等。

(5)修订完善论文：根据评审的意见，对论文进行修订和完善，确保论文的逻辑清晰、结构合理和表达准确。

四、养成守正创新的学术品格

班主任撰写论文和发表论文，都是为提升自身的专业素养服务的，而班主任想要写出好的论文，除了要关注学生的全面成长和学业发展，关注班级文化建设和班级管理方式的改革与创新之外，仍然需要注重学术写作的学理性，因此多读一些专业的书籍、关注前沿思想、请教相关领域的专家也是十分必要的。但班主任教师们在从事学术研究和写作时，更为重要的是端正学术态度。班主任在撰写学术论文时，应该遵循学术规范，谨防学术不端事件的发生，维护自身的学科尊严。与此同时，也要有创新的思维和观点，通过挖掘研究领域尚未解决的问题，提出新的观点和方法，从而推动学术领域的发展。学术论文写作会锻炼班主任守正创新的学术品格。愈久愈真，矢志不移！

五、经验总结

作为一名班主任，在教育教学的日常工作中，虽然主要职责是关心学生的学业进展和心理健康，组织班级活动和管理班级纪律，但同时也要注重自身的学术研究和专业发展。撰写论文可以不断学习新的教育理论知识和教学方法，积极探索教育领域的问题和挑战，提出个人的见解和解决方案，为教育改革和教学实践提供理论支持和实践指导。

1. 遵循学术规范做到守正

通过文献综述厘清学术脉络；恪守学术规范，严控引证、术语及成果的严谨性；结合已有知识追踪学术前沿。

2. 运用学术思维力争创新

从课题研究中借势、从工作实践中提炼，通过理论与实践的碰撞，在个人反思与团队合作中，获取新知并升级思维。

3. 养成守正创新学术品格

通过论文发表，持续努力和专注于学术研究，不断提升自己的教育素养和教学水平，为班级的发展和学生的成长贡献力量。